Accounting ability to identify
the essence of figure.

グローバル企業の
ビジネス
モデルをつかむ
英文決算書の
読みかた

監査法人アヴァンティア
公認会計士
大山 誠

ソシム

■注意

（1）本書は著者が独自に調査した結果を出版したものです。

（2）本書の一部または全部について、個人で使用する他は、著作権上、著者およびソシム株式会社の承諾を得ずに無断で複写／複製することは禁じられております。

（3）本書の内容の運用によって、いかなる障害が生じても、ソシム株式会社、著者のいずれも責任を負いかねますのであらかじめご了承ください。

（4）商標
本書に記載されている会社名、商品名などは一般に各社の商標または登録商標です。

はじめに

　現代のビジネスパーソンには、「決算書から企業の財務状況、ビジネスモデルを把握し、将来を予測する分析を行う」という行為が当たり前のように求められています。そしてそれは、国内企業にとどまらず海外の企業も対象になってきているといっていいでしょう。

　企業の実態をつかみ、強味と弱味を理解したうえで将来を予測する分析を行う。そのメリットが多大なのであれば、国内企業だけではなくグローバルな企業にもアンテナを張っておいた方が良いのでは？

　ごく当たり前の発想です。そして、一個人がこれを行うにあたって最強の材料となるのが、決算書を始めとした"英文の決算資料"なのです。

　本来、決算書は具体的な疑問を解消するために読む書類です。漫然と決算書を読んでも、得られるものはありません。そこで本書は、知りたいテーマを最初に設定し、その疑問を解決するために英文決算書を読んでいくというアプローチをとっています。また単なる理屈の羅列ではなく、Apple、Tesla、Amazon、Facebookといった知名度の高い企業の決算書を実際に見ていただきながらの解説に徹しています。

　本書は知識を暗記するための教科書ではありません。プロの分析視点をリアルに体感していただくためのビジネス書です。本書に従って各社の英文決算書およびその他の決算資料を深く読み込むことで、様々な予測と分析が可能になります。会計英語に疎くても、企業の実態と戦略がリアルに見えてくるようになります。

　本書をきっかけに"グローバル企業のビジネスモデルを読み解く"ことの楽しさ、そしてその計り知れないビジネスメリットを少しでも知っていただければ、これほど嬉しいことはありません。

　2019年10月　　　　　　　　　　　　　公認会計士　大山　誠

contents

はじめに ……3

第1章 英文決算書を読む前に最低限、知っておいてほしいこと

1-1 英語が生理的にダメということでなければ、
英文決算書を読まない理由はない ……10

1-2 日本の決算書と英文決算書の違い ……12

1-3 英文決算書の種類 ……19

1-4 英文決算書はどうやって入手すればいいのか ……23

第2章 Appleはこの先も変わらず発展し続いていくのか

好調に見える企業の未来予測を行うためのヒントが、決算書には散りばめられている

2-1 まずは業績の確認から ……33

2-2 会社の主要事業を理解する ……38

2-3 製品別分析を行う ……42

2-4 他の販売データを読み解く ……47

2-5 クロージング：Appleの将来を予測する ……54

2-6 Microsoft、Oracleなど、その他のライバル企業の将来を
予測する ……57

◎英文決算書を読む際に知っておくべき会計用語について（その1） ……66

第3章 Teslaはこれからも未来の商品を提供できるのか

企業の事業展開を先読みするためのヒントが、決算書には散りばめられている

3-1 まずは業績の確認から ………………………………………………… 71

3-2 短期的支払能力を分析する ………………………………………… 74

3-3 長期的支払能力を分析する ………………………………………… 83

3-4 連結キャッシュ・フロー計算書を読み解く ……………………… 87

3-5 クロージング：Teslaの将来を予測する ………………………… 92

3-6 Dropbox、Zscalerなど、
その他の業績不振な企業の将来を予測する ……………………… 96

◎英文決算書を読む際に知っておくべき会計用語について（その2）………… 110

第4章 Amazonの今後の成長を期待させる要素は何か

企業が将来をかけている事業を見極めるためのヒントが、決算書には散りばめられている

4-1 まずは業績の確認から ……………………………………………… 115

4-2 会社の主要事業を理解する ………………………………………… 121

4-3 事業別分析を行う …………………………………………………… 124

4-4 事業別利益を推察する ……………………………………………… 129

4-5 クロージング：Amazonの将来を予測する ……………………… 136

4-6 Nvidia、Stamps.comなど、
その他の成長著しい企業の将来を予測する ································· 140

◎英文決算書を読む際に知っておくべき会計用語について (その3) ·········· 152

第5章 Dow ChemicalとDuPontの合併は経営効率を上げたのか

M&Aは有効だったのかを判断するためのヒントが、決算書には散りばめられている

5-1 M&Aの効果を読み解く上での注意点について ···························· 157
5-2 比較する資料を作成する ······································· 160
5-3 合併の業績への影響を分析する ································· 167
5-4 事業効率を分析する ··· 175
5-5 クロージング：DowDuPontの将来を予測する ····················· 186
5-6 IQVIA、Marathon Petroleumの合併・買収を評価する ··············· 189

◎英文決算書を読む際に知っておくべき会計用語について (その4) ·········· 198

第6章 Facebook、Twitterはどこで利益をあげているのか

乱立するWeb広告会社の勝者を占うためのヒントが、決算書には散りばめられている

6-1 まずは業績の確認から ………………………………………………… 203

6-2 FacebookのRevenue（売上高）を分析する ……………………… 210

6-3 ARPUを高めることができるのか ………………………………… 219

6-4 Twitterの英文決算書を読み解く ………………………………… 223

6-5 Twitterの売上高を分析する ……………………………………… 227

6-6 クロージング：Facebook、Twitterの将来を予測する …………… 235

6-7 AT&T、Verizon、T-mobileの将来を予測する …………………… 238

第7章 英文決算書をもっと深く読み解くための技術

7-1 Goodwill（のれん）の巨額な企業は経営効率を検討すべき ……… 256

7-2 Segment Information（セグメント情報）の活用 ………………… 260

著者紹介 ……… 267

第 1 章

英文決算書を
読む前に最低限、
知っておいてほしいこと

　最近では、「決算書が読めること」はすべてのビジネスパーソンにとって当たり前のスキルだという位置付けになってきています。そして、コツさえ掴めれば数字が苦手だろうが何だろうが意外と簡単だということも、もはや周知の事実でしょう。

　とはいえ、本書のテーマは「英文」の決算書。場合によっては、その他の英文決算資料にも目を通すことになる以上、そこには当然、独特のルールやコツ、そして最低限必要な基本事項が存在します。

　この章では、実際の英文決算書を読む前に、あらかじめ知っておくべき前提知識について説明します（「基本解説は必要ない」という方は、実践編となる第2章からお読みください）。

1-1

英語が生理的に
ダメということでなければ、
英文決算書を読まない
理由はない

◆ 想定外に大きいビジネスメリット

　本書を手に取ってくださった方の多くは、日本の決算書には日常的に目を通していることでしょう（深い部分まで読み解けるかどうかは別として）。その上で、「どうせなら英文決算書も」という思いがあって本書に興味を持っていただけたのだとしたら、それはあなたのキャリアアップ的に大正解だと断言させていただきます。

　一般的に、決算書を読み解くことのメリットは次のように考えられています。

> ・企業の財務状況を把握することができる
> ・企業の「強みと弱み」を知ることができる
> ・企業の将来予測を含む財務分析を行うことができる
> ・主要企業の情報を得ることで、業界全体の現状を把握できる

　要は、企業の（本当の）状態や戦略を掘り下げて把握できるという話ですね。一個人で得られる情報として、その有益性は計り知れません。
　であれば、国内企業だけでなく米国にもアンテナを張っておいた方が、メリットも倍増するのでは？

ごく簡単な理屈です。そしてそれこそが、本書のメインテーマだとお考えください。

念のため申し上げておきますと、英語力は「一般的なビジネス英語ならそこそこ得意」レベルで全く問題なし（英文決算書で使用される英単語は、ある程度決まったものばかり）。日本の決算書を読むのとは少し勝手が違いますが、大したことはありません。

既に「日本の決算書を読む」という習慣がある方なら、アッという間に慣れるでしょう。にも関わらず、享受できるビジネスメリットは想定外に大きい。

英語が生理的にダメということでなければ、英文決算書を読まない理由は皆無だと思います。

英文決算書も、日本の決算書と同様、自分なりに仮説を立てて、それを決算書で検証していくという読み方をするのがベストです。

だから本書では、いくつかの仮説を設定し、その仮説にあてはまりそうな海外の特定企業の英文決算書を題材に、それが事実かどうかを検証していきます。

本書で検証する仮説は、次のとおりです。

・現在好調に見える企業の業績に死角はないのか
・業績不振のベンチャー企業は存続していくことができるのか
・業績好調の企業に今後も成長する要素はあるのか
・大型M&Aは経営効率をあげたのか
・業界での優位性を示すKPI（経営指標）は何か

有名な海外企業の英文決算書を事例として、読み方のポイントやコツを学んでいただきつつ、これらの仮説を検証していきます。

1-2
日本の決算書と英文決算書の違い

◆ 財務3表が開示の中心となる点は同じ

英文決算書でも、貸借対照表（B/S）、損益計算書（P/L）、キャッシュ・フロー計算書（C/F）のいわゆる財務3表が開示の中心となります。

米国の会計原則（Accounting principles）は日本と異なり、財務諸表の用語と様式が細かく統一されていません。 損益計算書を例にすると、Income statement、Statement of income、Statement of earnings、Statement of operations など、様々な名称が付されているのです。

財務3表が英文決算書でどのように開示されるかについて、順を追って説明していきましょう。

◆ 損益計算書(P/L)の違い

損益計算書（P/L）の様式には、多段階形式（Multiple-step format）と無段階形式（Single-step format）の2つがあります。 どちらで開示を行うかは企業の任意です。

図1-2-1に、多段階形式の損益計算書の例を示します。

多段階形式の損益計算書は、営業活動の部（Operating section）と営業外活動の部（Non-operating section）の利益を分離して表示します。

12

1-2　日本の決算書と英文決算書の違い

図1-2-1　Multiple-step format（多段階形式）の損益計算書

（日本語版）

Apple Inc. CONSOLIDATED STATEMENTS OF OPERATIONS (In millions) Years ended September 29,2018		Apple Inc. 連結損益計算書 （単位:百万ドル） 2018年9月29日に終了する事業年度	
Net sales	265,595	売上高	265,595
Cost of sales	163,756	売上原価	163,756
Gross margin	101,839	売上総利益	101,839
Operating expenses:		営業費用	
Research and development	14,236	研究開発費	14,236
Selling, general and administrative	16,705	販売費及び一般管理費	16,705
Total operating expenses	30,941	営業費用合計	30,941
Operating income	70,898	営業利益	70,898
Other income/(expense), net	2,005	その他損益	2,005
Income before provision for income taxes	72,903	税引前当期利益	72,903
Provision for income taxes	13,372	税金費用	13,372
Net income	59,531	当期純利益	59,531

出所：Apple 10-Kをもとに筆者作成

　多段階形式の損益計算書と日本語の損益計算書（P/L）が異なるのは、次の2点です。

・**損益計算書の呼び方が複数存在する**

前述したように、海外では損益計算書を「Income statement、Statement of income、Statement of earnings、Statement of operations」など、複数の名称で呼びます。

・**経常利益という概念がない**

日本語の決算書では、営業利益に営業外損益を加えて、経常利益を計算します。経常利益に特別損益を加えて、ようやく税引前当期利益が計算されます。

これに対して、海外では特別損益の計上に厳格です。特別損益が計上

第1章　英文決算書を読む前に最低限、知っておいてほしいこと

されることはまずないため、損益計算書に経常利益という区分があります。企業の存続期間を通じて1回発生するかどうかというものが、海外で特別損益になります。

　対して、**無段階形式は収益合計から費用合計を差し引き、1回だけの計算で当期純利益を表示するものです。**1回だけの計算で当期純利益を計算するので、多段階形式の損益計算書と比べると、営業利益の区分、場合によっては税引前当期利益という区分もありません。

　無段階形式の損益計算書の開示例を、図1-2-2に示します。

図1-2-2　Single-step format（無段階形式）の損益計算書

（日本語版）

MAGNA INTERNATIONAL INC.
CONSOLIDATED STATEMENTS OF INCOMEOPERATIONS
2018
(U.S. dollars in millions)
Years ended December 31,

MAGNA INTERNATIONAL INC.
連結損益計算書
2018
（単位：百万ドル）
12月31日に終了する事業年度

Sales	40,827	売上高	40,827
Costs and expenses		諸経費	
Cost of goods sold	35,055	売上原価	35,055
Depreciation and amortization	1,278	減価償却費	1,278
Selling, general and administrative	1,664	販売費及び一般管理費	1,664
Interest expense, net	93	支払利息（純額）	93
Equity income	(277)	持分法による投資損益	(277)
Other expense, net	63	その他費用（純額）	63
Income from operations before income taxes	2,951	税引前当期利益	2,951
Income taxes	619	税金費用	619
Net income	2,332	当期純利益	2,332
Income attributable to non-controlling interests	(36)	非支配持分	(36)
Net income attributable to Magna International Inc.	2,296	親会社持分	2,296

出所：Magna annual report をもとに筆者作成

　無段階形式は損益の発生原因がわかりづらいので、無段階形式の損益計算書を分析する場合は、多段階形式に組替えるなどの工夫が必要です。

🔷 貸借対照表（B/S）の違い

　損益計算書（P/L）と同じように、**英文決算書の貸借対照表（B/S）の様式も、勘定形式（Horizontal form）と報告形式（Report form）の2つの形式があります。**開示をどちらで行うかは企業の任意です。

　図1-2-3に、勘定形式の貸借対照表を示します（なお、ABC International Inc.は架空の企業です）。

図1-2-3　Horizontal form（勘定形式）の貸借対照表

（日本語版）

ABC INTERNATIONAL INC. CONSOLIDATED BALANCE SHEETS 2018 U.S. dollars in millions As of December 31,					ABC INTERNATIONAL INC. 連結貸借対照表 2018 （単位:百万ドル） 12月31日現在				
ASSETS		**LIABILITIES**			**資産の部**		**負債の部**		
Current assets		Current liabilities			流動資産		流動負債		
Cash and cash equivalents	684	Short-term borrowings	1,098		現金及び預金	684	短期借入金	1,098	
Accounts receivable	6,548	Accounts payable	6,094		受取手形及び売掛金	6,548	支払手形及び借入金	6,094	
Inventories	3,403	accrued liabilities	2,503		棚卸資産	3,403	未払債務	2,503	
Prepaid expenses and other	1,199	Income taxes payable	201		前払費用その他	1,199	未払法人税等	201	
		Long-term debt due within one year	408				1年以内返済長期借入金	408	
Non-Current assets		Non-Current liabilities			固定資産		固定負債		
Investments	2,189	Long-term debt	3,084		投資等	2,189	長期借入金	3,084	
Fixed assets, net	8,095	Other long-term liabilities	1,398		有形固定資産	8,095	その他の長期負債	1,398	
Intangible assets, net	560				無形固定資産	560			
Goodwill	1,979	Shareholders' equity			のれん	1,979	純資産の部		
Deferred tax assets	300	Common Shares	3,380		繰延税金資産	300	資本金	3,380	
Other assets	988	Contributed surplus	120		その他の資産	988	資本剰余金	120	
		Retained earnings	7,659				利益剰余金	7,659	
Total assets	25,945	Total liabilities and equity	25,945		資産計	25,945	負債及び純資産計	25,945	

出所：筆者作成

　勘定形式（Horizontal form）は資金の調達源泉と運用が一覧できる点で財務分析にも役に立つ様式ですが、期間比較を考えると表が煩雑になることもあり、現在では報告形式（Report form）による開示がほとんどになっています。勘定形式（Horizontal form）との違いは、勘定形式で資産の右

側にあった負債と純資産が資産の下に並んでいるだけです。そのため、報告形式は Vertical form と呼ばれることもあります。

　図1-2-4に、先ほどの勘定形式の貸借対照表を報告形式（Report form）に組み替えたものを示します。

図1-2-4　Report form（報告形式）の貸借対照表

(日本語版)

ABC INTERNATIONAL INC. CONSOLIDATED BALANCE SHEETS 2018 U.S. dollars in millions As of December 31,		ABC INTERNATIONAL INC. 連結貸借対照表 2018 （単位:百万ドル） 12月31日現在	
ASSETS		**資産の部**	
Current assets		流動資産	
Cash and cash equivalents	684	現金及び預金	684
Accounts receivable	6,548	受取手形及び売掛金	6,548
Inventories	3,403	棚卸資産	3,403
Prepaid expenses and other	1,199	前払費用その他	1,199
Non-Current assets		固定資産	
Investments	2,189	投資等	2,189
Fixed assets, net	8,095	有形固定資産	8,095
Intangible assets, net	560	無形固定資産	560
Goodwill	1,979	のれん	1,979
Deferred tax assets	300	繰延税金資産	300
Other assets	988	その他の資産	988
Total assets	25,945	資産計	25,945
LIABILITIES		**負債の部**	
Current liabilities		流動負債	
Short-term borrowings	1,098	短期借入金	1,098
Accounts payable	6,094	支払手形及び借入金	6,094
accrued liabilities	2,503	未払債務	2,503
Income taxes payable	201	未払法人税等	201
Long-term debt due within one year	408	1年以内返済長期借入金	408
Non-Current liabilities		固定負債	
Long-term debt	3,084	長期借入金	3,084
Other long-term liabilities	1,398	その他の長期負債	1,398
Shareholders' equity		純資産の部	
Common Shares	3,380	資本金	3,380
Contributed surplus	120	資本剰余金	120
Retained earnings	7,659	利益剰余金	7,659
Total liabilities and equity	25,945	負債及び純資産計	25,945

出所：筆者作成

報告形式（Report form）の貸借対照表（B/S）と日本語の貸借対照表（B/S）が異なるのは、次の2点です。

> ・**貸借対照表の呼び方が複数存在する**
> 貸借対照表は通常、海外でも Balance sheet と呼びますが、Statement of financial position や Statement of financial condition などと呼ぶ場合もあります。
>
> ・**必ずしも、流動項目から固定項目という流動性配列法になっていない**
> 流動性配列法とは、資産は現金化しやすい順番に上から並べ、負債は返済すべき期間の短い順に上から並べる配列方法です。図1-2-3、図1-2-4 では、日本でもおなじみの流動性配列法に従った貸借対照表を図示しましたが、英文決算書では固定項目が先になる固定性配列法で開示されているものもあります。

◆キャッシュ・フロー計算書(C/F)の違い

　キャッシュ・フロー計算書は海外で開示が先行し、遅れて日本で開示が始まった経緯があるため、名称が複数あることを除き、日本語の決算書と英文決算書の間に大きな違いはありません。
　キャッシュ・フロー計算書（C/F）は通常、Cash flow statement と呼ばれますが、Statement of cash flows と表記される場合もあります。

　日本語の決算書で「営業活動によるキャッシュ・フロー」の計算方法について、直接法と間接法が認められているように、英文決算書でも直接法と間接法による開示が認められています。
　直接法による開示は、英文決算書でも多くはありませんので、ここでは図1-2-5に間接法によるキャッシュ・フロー計算書の例を示します。

図1-2-5　間接法によるキャッシュ・フロー計算書

（日本語版）

ABC INTERNATIONAL INC.
CONSOLIDATED STATEMENTS OF CASH FLOWS
2018
U.S. dollars in millions
Years ended December 31,

OPERATING ACTIVITIES	
Net income	2,332
Adjustment to reconcile net income to net cash:	
Depriciation and amortization	1,539
Changes in operating assets and liabilities	
Accounts receivable	332
Inventories	(530)
Other liabilities	45
Cash provided from operating activities	3,718
INVESTMENT ACTIVITIES	
Purchases of marketable securities	(1,650)
Proceeds from disposition of marketable securities	105
Payments for acquisition of fixed assets	(849)
Proceeds from disposition of fixed assets	118
Cash used for investment activities	(2,276)
FINANCING ACTIVITIES	
Proceed from debt	172
Payment on debt	(1,148)
Proceeds from insurance of Common Shares	50
Repurchase of Common Shares	(69)
Dividends paid	(448)
Cash used for financing activities	(1,443)
Effect of exchange rate changes on cash, cash equivalents and restricted cash equivalents	(36)
Net decrease in cash, cash equivalents and restricted cash equivalents during the year	(37)
Cash, cash equivalents and restricted cash equivalents beginning of year	839
Cash, cash equivalents and restricted cash equivalents, end of year	802

ABC INTERNATIONAL INC.
連結キャッシュ・フロー計算書
2018
（単位:百万ドル）
12月31日に終了する事業年度

営業活動によるキャッシュ・フロー	
当期純利益	2,332
現金及び預金	
減価償却費	1,539
当期純利益からキャッシュへの調整	
売上債権	332
棚卸資産	(530)
その他の負債	45
営業活動によるキャッシュ・フロー	3,718
投資活動によるキャッシュ・フロー	
有価証券の取得	(1,650)
有価証券の売却	105
固定資産の取得	(849)
固定資産の売却	118
投資活動によるキャッシュ・フロー	(2,276)
財務活動によるキャッシュ・フロー	
借入の実行	172
借入の返済	(1,148)
新株の発行	50
自己株式の取得	(69)
配当金の支払	(448)
財務活動によるキャッシュ・フロー	(1,443)
現金及び現金同等物に係る換算差額	(36)
現金及び現金同等物の増減	(37)
現金及び現金同等物の期首残高	839
現金及び現金同等物の期末残高	802

出所：筆者作成

　キャッシュ・フロー計算書（C/F）は、記載されている項目の内容がわかれば、日本語のキャッシュ・フロー計算書（C/F）と全く同じように読むことができます。

1-3
英文決算書の種類

◆ 株主に対するアニュアルレポート

　日本の決算書は1種類ではなく、決算短信、計算書類、有価証券報告書など、複数のものが存在します。そして**米国でも、決算書に当たるものが複数あるのです。**

　代表的なものは、annual report to shareholders（株主に対する年次報告書）とannual report on Form 10-K（Form 10-Kに基づく年次報告書）の2つです。

　annual report to shareholders（株主に対する年次報告書）とは、上場企業が事業年度終了後に、株主に送付する財務諸表などを記載した年次報告書のことです。企業や主力製品を紹介するカラー写真、そして、財務諸表に加えて、経営を代表するCEOからの「自社の経営方針を伝えるメッセージ」が記載されています。

　例として、Fordのannual report to shareholders（株主に対する年次報告書）を図1-3-1に示します。

図1-3-1　Fordの「株主に対する年次報告書」の表紙と経営者からのメッセージ

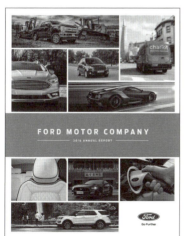

出所：Ford Annual Report

米国でReporting companyに該当する企業は、株主総会を開催するにあたって、annual report to shareholders（株主に対する年次報告書）を作成し、株主に送付しなければなりません。

◆Form 10-Kに基づく年次報告書

　annual report to shareholders（株主に対する年次報告書）とは別に、SEC（米国証券取引委員会）が公開企業等に作成を義務づけている開示書類があります。具体的には次のものです。

図1-3-2　米国内の開示書類

名称	内容及び日本で該当する書類
annual reports（Form 10-K）	年次報告書。日本における有価証券報告書に該当する。
quarterly reports（Form 10-Q）	四半期報告書。日本における四半期報告書に該当する。
current reports（Form 8-K）	臨時報告書。日本における臨時報告書に該当する。
annual and transition report of foreign private issuers（Form 20-F）	外国企業の年次報告書。日本企業で米国に株式を上場している企業も提出している。

出所：筆者作成

　開示書類のうち、annual reports（Form 10-K）が一般にいう決算書に該当します。 名称は「株主に対する年次報告書」と同じアニュアルレポートですが、要求される記載内容が異なりますので、SECに提出されるものをannual report on Form 10-K（Form 10-Kに基づく年次報告書）として区別しましょう。

　具体的なイメージを持ってもらうために、Appleのannual report on Form 10-K（Form 10-Kに基づく年次報告書）を図1-3-3に示します。

1-3 英文決算書の種類

図1-3-3 Appleの「Form 10-Kに基づく年次報告書」表紙

UNITED STATES
SECURITIES AND EXCHANGE COMMISSION
Washington, D.C. 20549

FORM 10-K

(Mark One)

☒ ANNUAL REPORT PURSUANT TO SECTION 13 OR 15(d) OF THE SECURITIES EXCHANGE ACT OF 1934
For the fiscal year ended September 29, 2018
or
☐ TRANSITION REPORT PURSUANT TO SECTION 13 OR 15(d) OF THE SECURITIES EXCHANGE ACT OF 1934
For the transition period from _____ to _____
Commission File Number: 001-36743

Apple Inc.
(Exact name of Registrant as specified in its charter)

California	94-2404110
(State or other jurisdiction of incorporation or organization)	(I.R.S. Employer Identification No.)

出所：Apple 10-K

　先ほど説明したannual report to shareholders（株主に対する年次報告書）は、一般の人が読みやすいことを優先して作成されています。一方、annual report on Form 10-K（Form 10-Kに基づく年次報告書）は詳細な情報が記載されているという特徴があります。

　本書では、米国の上場企業がSECに提出しているannual report on Form 10-K（Form 10-Kに基づく年次報告書）を基本にして分析を行います。その他の決算資料については様式が企業によってまちまちであり、統一された分析手法を身につけるには適切な資料といえないからです。

　「Form 10-Kに基づく年次報告書」がこの決算書の正式な呼び方に当たりますが、冗長であり説明するにも不便です。そこで**本書では、「Form 10-Kに基づく年次報告書」を「英文決算書」と呼ぶことに統一します。**

21

◆有価証券報告書との違い

　英文決算書（Form 10-K に基づく年次報告書）と日本の有価証券報告書を比較した場合の、記載事項の違いについてを説明します。

　1-2で説明した通り、貸借対照表（B/S）、損益計算書（P/L）、キャッシュ・フロー計算書（C/F）のいわゆる財務3表については、名称や記載方法に細かな違いはありますが、財務三表が開示される点は英文決算書も日本の有価証券報告書と同じです。

　一般的には、日本の有価証券報告書は過去の説明が多く、英文決算書は未来志向の説明が多いといわれています。

　先ほど説明した財務三表は、英文決算書ではItem 8. Financial Statements and Supplementary Data（財務諸表及び補足情報）に記載されます。英文決算書を入手したら、頭から読むのではなくItem 8.にざっと目を通すのも、英文決算書になじむ1つの方法でしょう。

1-4 英文決算書はどうやって入手すればいいのか

◆インターネットで容易に入手可能

かつては郵送で海外に依頼を出して何とか入手できた英文決算書ですが、現在はインターネットの普及によって入手が容易になりました。

ここでは、企業のサイトから入手する方法と、SEC（米国証券取引委員会）のデータベース（EDGAR）を利用する方法の2つを紹介します。

入手するのは、第2章に登場するAppleの英文決算書です。なお、かなり詳しく手順を説明しますので（記載している画面は2019年6月現在のもの）、必要がない方は読み飛ばしてください。

◆企業サイトから入手する方法

英文決算書は、各企業のサイトから入手することが可能です。具体的な手順は次のとおりです。

①Googleなどの検索サイトで「apple investor relations」と入力します。
②検索結果で示される1番上の項目をクリックします。

図1-4-1 検索結果

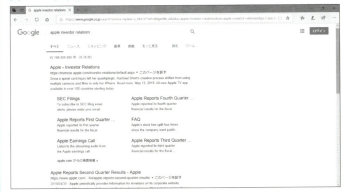

③表示されたAppleのIRページで下方にスクロールします。

図1-4-2　AppleのIRページ

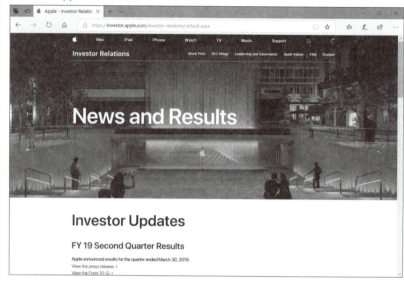

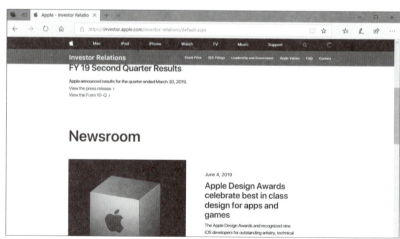

④目的の英文決算書を見つけることができました。「Annual Report on Form 10-K」という項目が見えます。

図1-4-3　AppleのIRページ（続き）

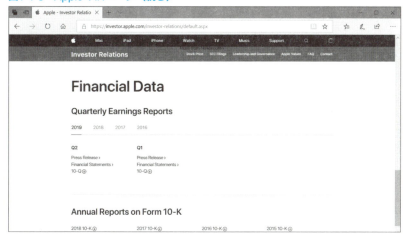

◆SECのデータベースを利用する

　もう1つ、SEC（米国証券取引委員会）のデータベース（EDGAR）を利用する方法を紹介します。

　企業のIRサイトは企業ごとに表示項目が違いますので、迷うと少し時間がかかります。その点、SECのデータベースは手順が共通していますので、慣れればどの企業の英文決算書でもすぐに入手できるようになります。また、英文決算書以外の公開情報を入手することもできますので、基本的な使い方を覚えておいて損はありません。

①SECのEDGAR（企業情報データベース）に入ります。次のURLを入力してください。

URL：https://www.sec.gov/edgar/searchedgar/companysearch.html

図1-4-4　EDGARのサイト

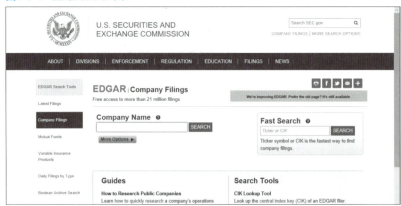

②図に示したように、「Company Name」に「apple」と入力して「SEARCH」ボタンをクリックします。

図1-4-5　企業名の入力

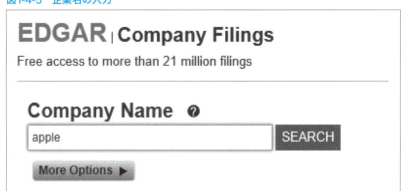

③Appleを企業名に含む企業の検索結果が表示されます。この中から、目的のAppleを示すCIK0000320193をクリックします。

図1-4-6　検索結果

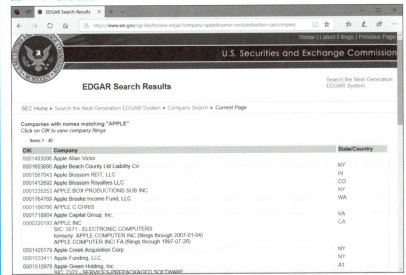

④Appleが提出している書類が示されます。

図1-4-7　提出書類一覧

⑤「Filings」が「10-K」となっているのが目的の英文決算書です（図1-4-7囲み）。

企業の決算書は通常、毎年作成されます。

だから**決算書を入手する際は、自分が知りたいと思っている年度の決算書であることを確認することを忘れないようにしてください。**

◆ 次のステップへ

第2章からは、具体的な疑問を検証するための英文決算書の読み方について説明していきます。

例えば、現在好調に見える企業について、その好調がこれからも続くかどうかを知りたい場合、英文決算書はどう読めばいいのでしょうか？

段階を追って一つひとつの事実を確認していかなければ、結論を出すことはできません。

そもそも、好調に見える企業の業績は本当に順調なのか？

仮にそうだったとして、将来的な不安要素も全くないのか？

海外企業についても、英文決算書を読めば高い精度で推測できるようになるのです。

第 2 章

Appleの発展は、
この先も変わらずに
続いていくのか

好調に見える企業の未来予測を行うためのヒントが、決算書には散りばめられている

　業績が好調な企業はニュースや新聞紙上を賑わします。では、その企業の好調はどのくらい続くのでしょうか？

　決算書には、過去から直近までの業績が記載されています。この情報を使って、企業の未来を予測することも可能です。そして予測に当たっては、前提となる事実を一つひとつ確認していくことが必要なのです。

　この章では、Apple Inc.（以降の表記は「Apple」とする）の英文決算書を題材にして、好調に見える企業の未来予測をどのような手順で行っていくかについて説明します。

2-1
まずは業績の確認から

◆ 業績は評判通りなのか

2018年8月に、Appleの時価総額が米企業として初めて1兆ドル（100兆円：1ドル100円で換算）を突破したというニュースが世界を駆け巡りました。iPhone、iPadというコンシューマ用商品を持つAppleは、いまや世界で一番名前を知られている企業といっても過言ではないでしょう。

一方、Appleの主力製品は頭打ちで、Appleが成長を続けるには新たな事業を展開するしかないという意見も耳にするようになりました。

企業が新しい企業と取引を始めるにあたって、事前にその企業の将来性を検討するのは、実務でもよくあることです。そこで、**ここではAppleの英文決算書を基に、「決算書の情報から企業の将来性を予測する」ためのノウハウについて学んでいただきます。**

最初に、連結損益計算書に目を通して業績を確かめましょう。連結損益計算書は、英文決算書の「Item 8. Financial Statements and Supplementary Data」に「CONSOLIDATED STATEMENTS OF OPERATIONS」の表題で記載されています（図2-1-1）。

2018年度のAppleのNet sales（売上高）は2,655億ドル（図2-1-1囲み部分、1ドル百円換算で26兆5,500億円）です。日本の国家予算の規模を表す一般会計が97兆円ですから、AppleのNet sales（売上高）は、日本の国家予算の4分の1程度に匹敵することがわかります。

参考として、図2-1-2にAppleのConsolidated statements of operations（連結損益計算書）の日本語訳を示します。

図2-1-1　Appleの連結損益計算書

Apple Inc.

CONSOLIDATED STATEMENTS OF OPERATIONS

(In millions, except number of shares which are reflected in thousands and per share amounts)

	Years ended		
	September 29, 2018	September 30, 2017	September 24, 2016
Net sales	$ 265,595	$ 229,234	$ 215,639
Cost of sales	163,756	141,048	131,376
Gross margin	101,839	88,186	84,263
Operating expenses:			
Research and development	14,236	11,581	10,045
Selling, general and administrative	16,705	15,261	14,194
Total operating expenses	30,941	26,842	24,239
Operating income	70,898	61,344	60,024
Other income/(expense), net	2,005	2,745	1,348
Income before provision for income taxes	72,903	64,089	61,372
Provision for income taxes	13,372	15,738	15,685
Net income	$ 59,531	$ 48,351	$ 45,687
Earnings per share:			
Basic	$ 12.01	$ 9.27	$ 8.35
Diluted	$ 11.91	$ 9.21	$ 8.31
Shares used in computing earnings per share:			
Basic	4,955,377	5,217,242	5,470,820
Diluted	5,000,109	5,251,692	5,500,281

出所：Apple 10-K

　AppleのConsolidated statements of operations（連結損益計算書）を見ると、予想に反してAppleの業績は依然伸び続けていることがわかります。**会社の成長を見るには、基準年度を1つ取り、そこからどれだけ数値が推移したのかを見ることが有効です。**

　では、Appleの成長率を計算してみましょう。基準年度は2016年度とします（図2-1-3）。

**　成長率を見ると、Appleの業績が好調であることがはっきり分かります。**
増収増益は言うまでもなく、Net sales（売上高）は23%（図2-1-3囲み①）、Net income（当期純利益）については30%（図2-1-3囲み②）も増加しています。

2-1 まずは業績の確認から

図2-1-2　Appleの連結損益計算書の日本語訳（参考）

Apple Inc.
連結損益計算書
（単位：百万円※）

	事業年度終了日		
	2018年09月29日	2017年09月30日	2016年09月24日
売上高	26,559,500	22,923,400	21,563,900
売上原価	16,375,600	14,104,800	13,137,600
売上総利益	10,183,900	8,818,600	8,426,300
営業費用			
研究開発費	1,423,600	1,158,100	1,004,500
販売費及び一般管理費	1,670,500	1,526,100	1,419,400
営業費用合計	3,094,100	2,684,200	2,423,900
営業利益	7,089,800	6,134,400	6,002,400
その他損益	200,500	274,500	134,800
税引前当期利益	7,290,300	6,408,900	6,137,200
税金費用	1,337,200	1,573,800	1,568,500
当期純利益	5,953,100	4,835,100	4,568,700

※1ドル100円で換算　　　　　　　　　　　　　　　　　出所：Apple 10-Kをもとに筆者作成

図2-1-3　Appleの成長率計算

		2018	2017	2016
Net sales（売上高）	①	123%	106%	100%
Cost of sales（売上原価）		125%	107%	100%
Gross margin（売上総利益）		121%	105%	100%
Operating expenses:（営業費用）				
Research and development（研究開発費）		142%	115%	100%
Selling, general and administrative（販売費及び一般管理費）		118%	108%	100%
Total operating expenses（営業費用合計）		128%	111%	100%
Operating income（営業利益）		118%	102%	100%
Other income/(expense), net（その他損益）		149%	204%	100%
Income before provision for income taxes（税引前当期純利益）		119%	104%	100%
Provision for income taxes（税金費用）		85%	100%	100%
Net income（当期純利益）	②	130%	106%	100%

出所：Apple 10-Kをもとに筆者作成

第2章　Appleの発展は、この先も変わらずに続いていくのか

35

◆ 損益計算書の分析

製造業や小売業を分析するには、最初にGross margin rate（粗利益率）を計算するのが鉄則です。 Gross margin rate（粗利益率）を見れば、単純に百円のものを売った時、会社にどれだけの金額が残るのかがわかります。

2018年AppleのGross margin rate（粗利益率）は、次の数式で計算できます。

$$粗利益率 = \frac{売上総利益}{売上高} = \frac{\text{Gross margin}}{\text{Net sales}} = \frac{101{,}839}{265{,}595} = 38.3\%$$

ある程度、日本の決算書を分析した経験のある方であれば、この数字を見て驚くと思います。日本の製造業では、大企業の粗利益率が21％、中小企業でも24％が平均です。Appleの粗利益率は、38.3％とこれをはるかに上回っています。

図2-1-4　日本の製造業と2018年Appleの粗利益率

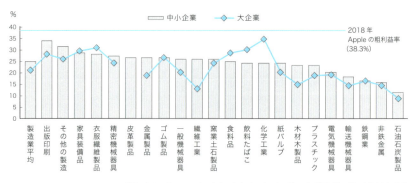

出所：https://www.meti.go.jp/statistics/tyo/syokozi/result-2/h2c5kaaj.html をもとに作成

同じ業界内で粗利益率が高いということは、「他社と異なった原価削減の
ノウハウを持っている」、または「自社に有利な価格設定ができる」のどち
らかです。

Appleについて、原価削減のノウハウの話はほとんど聞きません。一方、
Apple製品が他社製品と比較して価格が高いというのは、よく知られてい
る事実です。

したがって、**Appleは自社にかなり有利な価格設定を行っているという
ことがわかります。**

高い粗利益を得られる事業には他社が参入し、利益率はその業界一定の
水準に落ち着くのが通常です。Appleの過去3年の粗利益率を計算してみる
と、2016年が39.1%、2017年が38.5%と、大きな変化はありません。

**他社よりも高い価格を消費者が受け入れるのは、その製品にブランドと
しての価値を見出していると考えることができます。**

column

時価総額の計算

ブランドという話に関連して、よく話題となる株式時価総額につい
て、計算方法を紹介します。株式時価総額は上場企業の株価に発行済
株式数を掛けたもので、企業価値を評価する際の指標となるものです。

2018年のAppleの発行済株式総数は48億5,100万株、株価は207.05
ドルでした。この数字をもとに時価総額を計算すると次のようになり、
確かに一兆ドル（100兆円：1ドル100円で換算）を超えたことがわか
ります。

株式時価総額＝株価×発行済株式総数
　　　　　　＝207.05ドル×48億5,100万株
　　　　　　＝1,004,400百ドル

2-2
会社の主要事業を理解する

◆ 事業を理解する必要性

　英文決算書を読むことで、Appleは成長を続けていること、2018年度も業績好調であったことがはっきりとわかりました。では、Appleに不安要素は何もないと考えていいのでしょうか。
　企業の業績を検討するには、その企業の事業を理解することが不可欠です。 ある企業が思ってもいなかった分野で収益を伸ばしているのは、よくあることですから。

　富士フイルムホールディングスを例にあげましょう。
　富士フイルムはかつてカメラ用フイルムの販売を主要な事業としていましたが、2018年度、映像用商品（イメージソリューション）の売上は全体の15.9%です。売上高の42.7%を医療関係商品（ヘルスケア＆マテリアルソリューション）、41.4%を複写機、プリンタ等（ドキュメントソリューション）が占めています。

図2-2-1　富士フイルムの2018年度 事業セグメント別売上高構成比

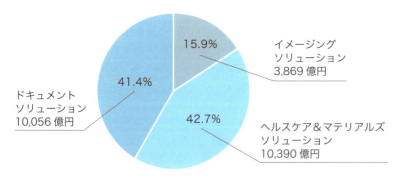

出所：富士フイルム HP

このように、**気づかないうちに企業の主力事業がすっかり変わっている****こともありますので、現在のビジネスを確かめることは、決算書を読む上****では不可欠なのです。**

さて、Appleには有名な商品として、iPhone、iPad、Mac、AppleWatchなどがあります。この中で収益に貢献しているのは、どの商品でしょうか？

あるいは商品ばかりに目が行きますが、iTunesストアによるダウンロード販売はどの程度利益に貢献しているのでしょうか？

事業を理解するには、英文決算書冒頭の「Item.1 Business」の記述に目**を通します。**Company Backgroundに、Appleが現在行っている事業についての詳しい説明があります。

▼2018年Appleのアニュアルレポートより

Company Background

The Company designs, manufactures and markets mobile communication and media devices and personal computers, and sells a variety of related software, services, accessories and third-party digital content and applications. The Company's products and services include iPhone®, iPad®, Mac®, Apple Watch®, AirPods®, Apple TV®, HomePod™, a portfolio of consumer and professional software applications, iOS, macOS®, watchOS® and tvOS™ operating systems, iCloud®, Apple Pay® and a variety of other accessory, service and support offerings. The Company sells and delivers digital content and applications through the iTunes Store®, App Store®, Mac App Store, TV App Store, Book Store and Apple Music® (collectively "Digital Content and Services"). The Company sells its products worldwide through its retail stores, online stores and direct sales force, as well as through third-party cellular network carriers, wholesalers, retailers and resellers. In addition, the Company sells a variety of third-party Apple-compatible products, including application software and various accessories, through its retail and online stores. The Company sells to consumers, small and mid-sized businesses and education, enterprise and government customers. The Company's fiscal year is the 52- or 53-week period that ends on the last Saturday of September. The Company is a California corporation established in 1977 .

▼日本語訳

当社を理解するために

当社は、移動体通信メディア端末とパーソナルコンピュータを設計し、製造し、販売しています。また、関連する様々なソフトウェア、サービス、アクセサリー、そしてサードパーティ製のデジタルコンテンツやアプリケーションを販売しています。当社の製品とサービスは、iPhone、iPad、Mac、Apple Watch、AirPods、Apple TV、HomePodという消費者向け製品、iOS、macOS、watchOS、そしてtvOSなどのオペレーティングシステム、iCloud、Apple Payという専門的なソフトウエアアプリケーション、そして様々なアクセサリー、サービスとサポートです。当社は、iTunes Store、App Store、Mac App Store、TV App Store、Book Store、そしてApple Music（まとめて、デジタルコンテンツサービスと呼びます）を通じて、デジタルコンテンツとアプリケーションを販売し、配信します。当社は外部の移動体通信事業者、卸売業者、小売業者、再販業者を通すのと同じように、製品を直営小売店、オンラインショップ、直販店を通して、世界中に販売しています。加えて、当社は自社の小売店とオンラインショップを通じて、アプリケーションソフトウエアと種々のアクセサリーを含む社外の様々なアップル互換製品を販売しています。当社は一般消費者、小規模中規模事業者、教育関係、企業、政府を顧客としています。当社の事業年度は、9月の最終土曜日に終了する52週間または53週間です。当社は1977年にカリフォルニア州で設立されました。

Company Backgroundに目を通した結果、**Appleは2018年度現在、iPhone、iPad、Macに代表される製品、iOS、macOSなどの基本ソフト、インターネットを通じたdigital content（デジタルコンテンツ）とapplications（アプリケーション）を販売することを、主たる事業としている会社であることが理解できました。**

次の2-3では、それぞれの事業に不安要素が生じていないかどうかを確かめていきましょう。

2-3
製品別分析を行う

◆ セグメント情報を読み解く

　**最初に、Appleの売上で現在大きな比率を占めるのがどの事業であるか
を確かめます。** Apple は、英文決算書の「Item 7 Management's Discussion
and Analysis of Financial Condition and Results of Operations（経営者によ
る財政状態及び経営成績の説明と分析）」で販売に関する詳細なデータを開
示しています。この情報を基に、売上構成を見ていきましょう。

図2-3-1　AppleのSales Data

Sales Data

The following table shows net sales by reportable segment and net sales and unit sales by product for 2018, 2017 and 2016 (dollars in millions and units in thousands):

		2018	Change		2017	Change		2016
Net Sales by Reportable Segment:								
Americas	$	112,093	16 %	$	96,600	12 %	$	86,613
Europe		62,420	14 %		54,938	10 %		49,952
Greater China		51,942	16 %		44,764	(8)%		48,492
Japan		21,733	23 %		17,733	5 %		16,928
Rest of Asia Pacific		17,407	15 %		15,199	11 %		13,654
Total net sales	$	265,595	16 %	$	229,234	6 %	$	215,639
Net Sales by Product:								
iPhone [1]	$	166,699	18 %	$	141,319	3 %	$	136,700
iPad [1]		18,805	(2)%		19,222	(7)%		20,628
Mac [1]		25,484	(1)%		25,850	13 %		22,831
Services [2]		37,190	24 %		29,980	23 %		24,348
Other Products [1][3]		17,417	35 %		12,863	16 %		11,132
Total net sales	$	265,595	16 %	$	229,234	6 %	$	215,639
Unit Sales by Product:								
iPhone		217,722	— %		216,756	2 %		211,884
iPad		43,535	— %		43,753	(4)%		45,590
Mac		18,209	(5)%		19,251	4 %		18,484

(1) Includes deferrals and amortization of related software upgrade rights and non-software services.

(2) Includes revenue from Digital Content and Services, AppleCare, Apple Pay, licensing and other services. Services net sales in 2018 included a favorable one-time item of $236 million in connection with the final resolution of various lawsuits. Services net sales in 2017 included a favorable one-time adjustment of $640 million due to a change in estimate based on the availability of additional supporting information.

(3) Includes sales of AirPods, Apple TV, Apple Watch, Beats products, HomePod, iPod touch and other Apple-branded and third-party accessories.

出所：Apple 10-K

売上構成を見るという目的には、図2-3-1のデータのうちNet Sales by Product（製品別売上高）がぴったりです（図2-3-1囲み）。

参考までに、Net Sales by Productの日本語訳を図2-3-2に示します。

図2-3-2　Appleの製品別売上

(単位:百万円※)

	2018	2017	2016
iPhone（1）	16,669,900	14,131,900	13,670,000
iPad（1）	1,880,500	1,922,200	2,062,800
Mac（1）	2,548,400	2,585,000	2,283,100
サービス（2）	3,719,000	2,998,000	2,434,800
他の製品（3）	1,741,700	1,286,300	1,113,200
売上合計	26,559,500	22,923,400	21,563,900

※1ドル100円で換算
（1）関連するソフトウェアのアップグレード権の繰延と償却、ソフトウェア以外のサービスを含んでいます。
（2）デジタルコンテンツとサービス、アップルケア、アップルペイ、ライセンス付与、そのほかのサービスの売上を含んでいます。2018年のサービス売上は、いくつかの訴訟の最終判決に関わる一回限りの賠償金の受取23,600百万円＊を含んでいます。2017年のサービス売上は、追加サポート情報の有用性による見積の変更による増加64,000百万円＊を含んでいます。
（3）エアーポッズ、アップルTV、アップルウォッチ、ビートプロダクト、ホームポッド、アイポッドタッチ、そのほかアップルブランド及びサードパーティーのアクセサリーの売上を含んでいます。

出所：Apple 10-Kをもとに筆者作成

2018年度Total net sales（売上高計）は265,595百万ドルですから、各製品の売上高を265,595百万ドルで割れば、Apple全体の売上の中でその製品がどれだけを占めているのかがわかります。

例えば、iPhoneのTotal net sales（売上高計）に占める割合は次のように計算できます。

$$\frac{\text{iPhone売上高}}{\text{売上高}} = \frac{\text{iPhone}}{\text{Total net sales}} = \frac{166,699}{265,595} = 62.8\%$$

同様に、iPadが7.1％、Macが9.6％、サービスが14.0％、その他6.5％と計算できます。

iPhoneが売上高の6割強を占めているのは予想通りでした。意外なのは、知名度の高いiPadの売上高が、Macよりも小さいことです。さらにアップルペイを含むサービスがすでにTotal net sales（売上高計）の14％を占め、

MacとiPadの合計に迫る売上を上げていることがわかります。

　図2-3-3にAppleの2018年度の売上構成を示します。

図2-3-3　2018年度Appleの売上構成

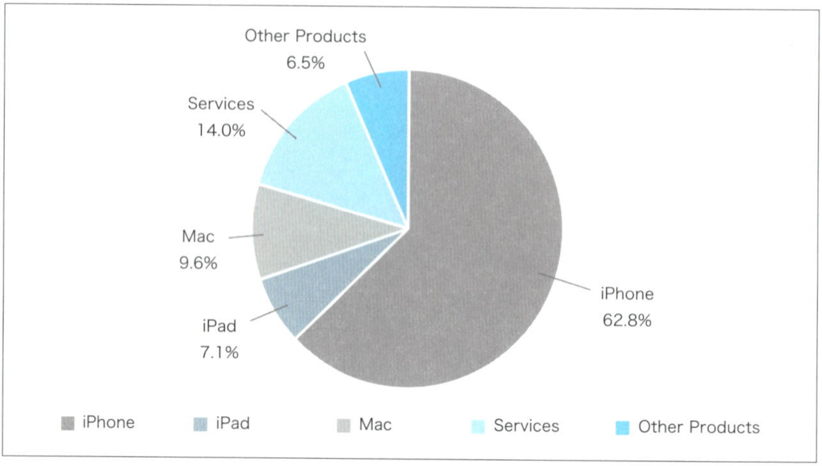

Other Products
6.5%

Services
14.0%

Mac
9.6%

iPad
7.1%

iPhone
62.8%

■ iPhone　■ iPad　■ Mac　■ Services　■ Other Products

出所：Apple 10-Kをもとに筆者作成

◆製品別に売上成長率を分析する

　AppleのTotal net sales（売上高計）が、どのような商品で構成されているかがわかりました。では、それぞれの商品の成長はどうなっているのでしょうか？

　英文決算書には、前年同期と比較した百分比は記載されているのですが、**各製品売上の成長を見るには、基準年度を1つ取り、そこからどれだけ成長したのかを見ることが有効です。**

　Appleの売上が今後成長するかを検討するために、2016年度を基準として、製品別に売上成長率を計算しましょう。

　この際、注意するのは注釈にある修正を行うことです。Appleの2017年度のServices（サービス）の売上は、connection with the final resolution of various lawsuits（いくつかの訴訟の最終決判決に関わる1回限りの賠償金の受

2-3　製品別分析を行う

取）236百万ドル（236億円）を含んでいます。（図2-3-2）これを業績に含めて計算すると正しい評価ができませんので、Services（サービス）の売上金額から控除します。同様に、2017年度の640百万ドル（640億円）も控除して計算します。

　このように、**注記に記述されている事項は可能な限り修正を行って計算するのが、正しい結論を導き出すコツの1つです。**

第2章　Appleの発展は、この先も変わらずに続いていくのか

図2-3-4　製品別売上成長率

製品名	2018	2017	2016
iPhone	② 122%	103%	100%
iPad	91%	93%	100%
Mac	112%	④ 113%	100%
Services	③ 152%	121%	100%
Other Products	156%	116%	100%
Total net sales	① 123%	106%	100%

出所：Apple 10-Kをもとに筆者作成

　必要な修正を行い製品別に売上成長率を計算したのが、図2-3-4です。Total net sales（売上高全体）は、2016年度を基準にすると23％成長しています（図2-3-4囲み①）。成長に寄与しているのはiPhoneの22％（図2-3-4囲み②）、Services（サービス）、Other products（その他の製品）は金額が少ないとはいえ、50％以上も成長しています（図2-3-4囲み③）。

　iPadは、この2年で販売額が減少しています。Macも2017年度は13％成長しましたが（図2-3-4囲み④）、2018年度はほぼ横ばいです。

　製品別成長率をグラフ化したのが、図2-3-5です。

　グラフを見ると、iPadは売れ行きが低調、Macも頭打ちになっているのがはっきりと読み取れます。**売上高が伸びているのは、iPhone、サービス、その他製品です。**

45

図2-3-5　Appleの製品別売上成長率グラフ

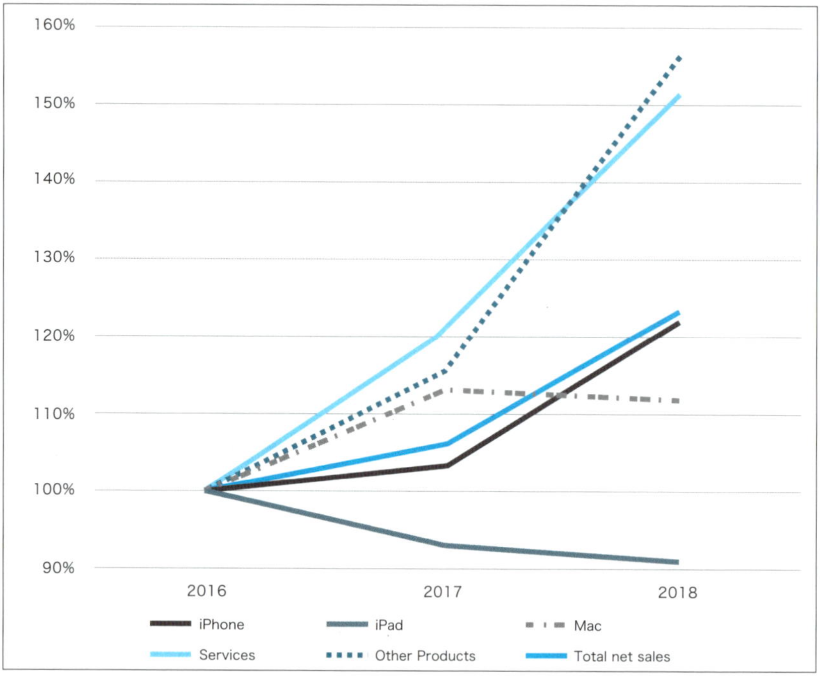

出所：Apple 10-Kをもとに筆者作成

　サービス、その他製品は合わせて売上高がようやく全体の20％程度に、2018年度でなったばかりです。**この2年間は、アップル社の売上はほぼiPhone頼みで成長していることがわかりました。**

　続いて、iPhoneの将来の売上に不安がないかという視点で英文決算書を読んでいきましょう。

2-4
他の販売データを読み解く

◇販売台数推移に注目する

　Appleの売上がiPhone頼みになっているとしても、iPhone売上高の成長がこの数年のように続けば、心配はなさそうにも思えます。

　iPhoneの将来の売上を予測するのに必要なデータを探してみましょう。先ほど見たSales Data（図2-4-1に再掲）にUnit Sales by Productという項目があります。Unit Salesとは販売台数のことです。この情報が、iPhoneの将来を予測するヒントになりそうです。

図2-4-1　AppleのSales Data（再掲）

Sales Data

The following table shows net sales by reportable segment and net sales and unit sales by product for 2018, 2017 and 2016 (dollars in millions and units in thousands):

	2018	Change	2017	Change	2016
Net Sales by Reportable Segment:					
Americas	$ 112,093	16 %	$ 96,600	12 %	$ 86,613
Europe	62,420	14 %	54,938	10 %	49,952
Greater China	51,942	16 %	44,764	(8)%	48,492
Japan	21,733	23 %	17,733	5 %	16,928
Rest of Asia Pacific	17,407	15 %	15,199	11 %	13,654
Total net sales	$ 265,595	16 %	$ 229,234	6 %	$ 215,639
Net Sales by Product:					
iPhone [1]	$ 166,699	18 %	$ 141,319	3 %	$ 136,700
iPad [1]	18,805	(2)%	19,222	(7)%	20,628
Mac [1]	25,484	(1)%	25,850	13 %	22,831
Services [2]	37,190	24 %	29,980	23 %	24,348
Other Products [1][3]	17,417	35 %	12,863	16 %	11,132
Total net sales	$ 265,595	16 %	$ 229,234	6 %	$ 215,639
Unit Sales by Product:					
iPhone	217,722	— %	216,756	2 %	211,884
iPad	43,535	— %	43,753	(4)%	45,590
Mac	18,209	(5)%	19,251	4 %	18,484

(1) Includes deferrals and amortization of related software upgrade rights and non-software services.

(2) Includes revenue from Digital Content and Services, AppleCare, Apple Pay, licensing and other services. Services net sales in 2018 included a favorable one-time item of $236 million in connection with the final resolution of various lawsuits. Services net sales in 2017 included a favorable one-time adjustment of $640 million due to a change in estimate based on the availability of additional supporting information.

(3) Includes sales of AirPods, Apple TV, Apple Watch, Beats products, HomePod, iPod touch and other Apple-branded and third-party accessories.

出所：Apple 10-K

47

この表を見ると、各年度にiPhone、iPad、Macがそれぞれ何千台販売されたかがわかります。

製品販売台数の日本語訳を図2-4-2に示します。

図2-4-2　Appleの製品販売台数

（単位：千台）

製品名	2018	2017	2016
iPhone	217,722	216,756	211,884
iPad	43,535	43,753	45,590
Mac	18,209	19,251	18,484

出所：Apple 10-Kをもとに筆者作成

数字を見ただけで、Unit sales（販売台数）はあまり伸びていないことがわかります。2016年度を基準年度にして、Unit sales（販売台数）の成長率をそれぞれ見てみましょう。

図2-4-3　製品別販売台数成長率

製品名	2018	2017	2016
iPhone	103%	102%	100%
iPad	95%	96%	100%
Mac	99%	104%	100%

出所：Apple 10-Kをもとに筆者作成

Unit sales（販売台数）の成長率を見ると、2018年度にiPad、Macは2016年度よりUnit sales（販売台数）が減少していることがわかります。さらに重要なのは、**売上高を23％伸ばしたiPhoneも、Unit sales（販売台数）ではわずか3％（図2-4-3囲み）しか伸びていません。**

Unit sales（販売台数）が伸びていないのですから、**2018年にiPhoneの売上高が成長したのは2016年と比べて、高価格を設定したのが成功したためだとわかりました。**

iPhone、iPad、Macという主力製品の販売台数が頭打ちになっているという事実は深刻です。**Appleがこれまでの成長を続けるには、新たな手を打たざるを得ないという状況にあるということになります。**

◆ 海外販路の可能性は？

　自社製品の販売台数が頭打ちになったとしても、販路の拡大で再び販売台数を拡大することは十分可能です。**英文決算書のデータを用いて、販路の拡大が可能かどうかを検討してみましょう。**

　市場別に売上高を見るには、セグメント情報が有用です。英文決算書では財務3表と同じ「Item 8. Financial Statements and Supplementary Data」に、「Note 10 – Segment Information and Geographic Data」の表題で記載されています。図2-4-4にAppleのセグメント情報を記載します。

図2-4-4　Appleのセグメント情報

		2018		2017		2016
Americas:						
Net sales	$	112,093	$	96,600	$	86,613
Operating income	$	34,864	$	30,684	$	28,172
Europe:						
Net sales	$	62,420	$	54,938	$	49,952
Operating income	$	19,955	$	16,514	$	15,348
Greater China:						
Net sales	$	51,942	$	44,764	$	48,492
Operating income	$	19,742	$	17,032	$	18,835
Japan:						
Net sales	$	21,733	$	17,733	$	16,928
Operating income	$	9,500	$	8,097	$	7,165
Rest of Asia Pacific:						
Net sales	$	17,407	$	15,199	$	13,654
Operating income	$	6,181	$	5,304	$	4,781

出所：Apple 10-K

　全体を概観するため、売上の市場別構成比を図2-4-5に示します。

図2-4-5　Apple売上の市場別構成比

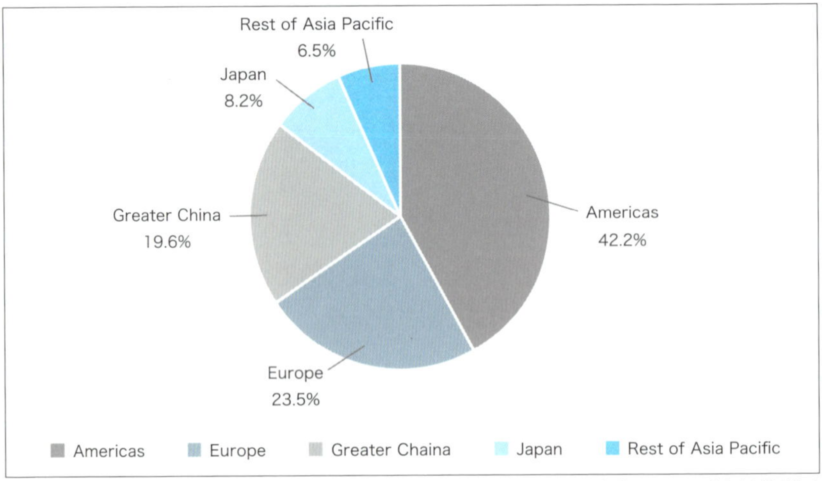

出所：Apple 10-Kをもとに筆者作成

　Americas（南北アメリカ）とEurope（欧米）の売上が65.7%、Greater China（中国）はJapan（日本）の倍以上の売上があり、売上全体の20%程度であることがわかりました。

◆ セグメント情報の分析

　どの市場で、営業活動が効率的に行われているかを見るため、市場別に営業利益率を計算しましょう。営業利益率は営業利益を売上高で除して計算します。2018年度のAmericas（南北アメリカ）を例とすると、次のようになります。

$$営業利益率 = \frac{営業利益}{売上高} = \frac{\text{Operating Income}}{\text{Net sales}} = \frac{34,864}{112,093} = 31.1\%$$

　セグメント情報の日本語訳と市場別営業利益率を、図2-4-6に示します。

50

2-4 他の販売データを読み解く

図2-4-6　Appleのセグメント情報（日本語訳）と市場別営業利益率

営業利益率は筆者計算　　　　　　　　　　　　　　　　　　　　　　（単位:百万円※）

	2018	2017	2016
アメリカ			
売上高	11,209,300	9,660,000	8,661,300
営業利益	3,486,400	3,068,400	2,817,200
営業利益率 ①	31.1%	31.8%	32.5%
ヨーロッパ			
売上高	6,242,000	5,493,800	4,995,200
営業利益	1,995,500	1,651,400	1,534,800
営業利益率 ①	32.0%	30.1%	30.7%
中国			
売上高	5,194,200	4,476,400	4,849,200
営業利益	1,974,200	1,703,200	1,883,500
営業利益率 ③	38.0%	38.0%	38.8%
日本			
売上高	2,173,300	1,773,300	1,692,800
営業利益	950,000	809,700	716,500
営業利益率 ④	43.7%	45.7%	42.3%
その他アジア太平洋地域			
売上高	1,740,700	1,519,900	1,365,400
営業利益	618,100	530,400	478,100
営業利益率 ②	35.5%	34.9%	35.0%

※1ドル100円で換算　　　　　　　　　　　　　　　出所：Apple 10-Kをもとに筆者作成

　営業利益率を見ると、Americas・Europe（アメリカ・ヨーロッパ）では31％前後で推移している（図2-4-6囲み①）のに対して、その他Rest of Asia Pacific（アジア太平洋地域）では35％前後（図2-4-6囲み②）、Greater China（中国）で38％程度（図2-4-6囲み③）、Japan（日本）に至っては42％を超える営業利益率になっています（図2-4-6囲み④）。

　市場別営業利益率の推移を図2-4-7に示します。

　販売規模は欧米の方が大きいことから、固定費を考えると、通常であれば欧米の方が営業利益率は高くなるはずです。

図2-4-7　市場別営業利益率推移

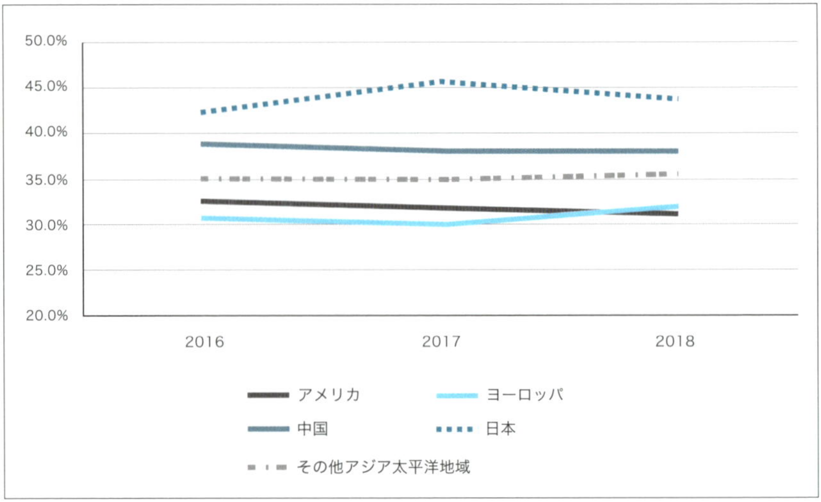

出所：Apple 10-Kをもとに筆者作成

　営業利益率分析から、欧米諸国に比べアジアではかなり強気の価格設定が行われていることがわかります。

◆市場別成長率の分析

　営業利益率の分析でGreater China（中国）、Japan（日本）を含むアジア諸国は、Appleにとって効率の良い市場であることがわかりました。**各市場に今後成長の可能性があるかを、成長率分析で推察してみましょう。**

　2016年度を基準年度とした成長率を図2-4-8に示します。

　市場別に成長率を見ると、中国以外の市場は25％から30％成長しています。今後の政治問題も含め、売上の20％を占める中国市場に不安要素のあることがわかりました。

2-4 他の販売データを読み解く

図2-4-8 市場別成長率

	2018	2017	2016
アメリカ			
売上高	129.4%	111.5%	100.0%
営業利益	123.8%	108.9%	100.0%
ヨーロッパ			
売上高	125.0%	110.0%	100.0%
営業利益	130.0%	107.6%	100.0%
中国			
売上高	107.1%	92.3%	100.0%
営業利益	104.8%	90.4%	100.0%
日本			
売上高	128.4%	104.8%	100.0%
営業利益	132.6%	113.0%	100.0%
その他アジア太平洋地域			
売上高	127.5%	111.3%	100.0%
営業利益	129.3%	110.9%	100.0%

出所：Apple 10-Kをもとに筆者作成

第2章　Appleの発展は、この先も変わらずに続いていくのか

2-5
クロージング：Appleの将来を予測する

◆英文決算書から理解したこと

まとめると、英文決算書を通じて次のことがわかりました。

- Appleの業績は、2018年度のNet sales（売上高）、Net income（当期純利益）を見ると、2016年度と比べ20%以上伸びている。
- Gross margin（粗利益率）は40%近い。同業他社と比べると、驚異的に高い。
- 製品別に見ると、iPhoneが22%、その他製品が50%以上販売額を伸ばしている。
- ところがUnit sales（販売台数）で見ると、iPhone、iPad、Macの販売台数は伸びておらず、頭打ちである。
- 市場別に見ると、欧米の営業利益率が30%前後であるのに対して、アジアは35%以上、特に日本の営業利益率が高い。
- 売上の2割を占める中国市場で、売上高が比較的伸びていない。

◆Appleの将来を予測する

Appleの業績は継続して増収増益を2018年度まで続けています。一方、**主力製品のUnit sales（販売台数）が頭打ちとなっているのが、将来を予測する上で不安材料になっています。**特に販売額の2割を占める中国市場において、他市場と比べて売上高が伸びていないのも気になる点です。

現在の製品ラインで今後も継続して成長を続けるには、何らかの手を打つ必要はありそうです。

製品の販売台数が伸びていないことから、**売上、利益を増やすには、製品の価格をさらに上げる、販路を広げる、という２つの施策が考えられます。**

スマートフォンの現在の平均価格を考えるとiPhoneの価格を上げるのは難しいと考えられます。図2-5-1はスマートフォンの価格推移です。

図2-5-1　Global average selling price of smartphones

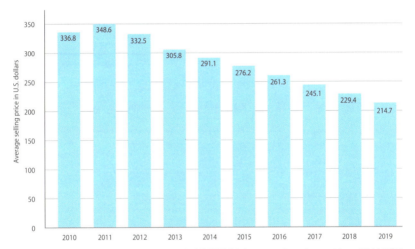

出所：https://www.statista.com/statistics/484583/global-average-selling-price-smartphones/ をもとに作成

2010年には１台336.8ドルだったスマートフォンも、2019年には214.7ドルになると予測されています。一方、2019年６月現在iPhone8（64GB）１台の価格は、旧機種の下取りを考慮しなければ599ドルです。

これまでの顧客はAppleの高価格を受け入れてきたといえます。しかし、**今以上に価格差が開くと、他のスマートフォンへの乗り換えも十分あり得るでしょう。**

また高価格政策は、１歩間違えると販売数を大幅に減少させる可能性もあります。iPad、Macについても、状況はほぼ同様です。

次に考えられるのが、販路の拡大です。特に、オーストラリアを含むRest of Asia Pacific（アジア太平洋地域）は、売上高に占める割合が6.5％ですので、やり方次第では販売台数を伸ばせる可能性があるかもしれません。この場合、現在高価な部類に入るApple製品を購入してくれる顧客層が存在するかどうかがカギになりそうです。

　3つ目の方法としては、金額が小さいながらも50％売上高を増やしているServices（サービス）、Other products（その他の製品）の売上を伸ばすことが考えられます。

　2019年6月に開催された開発者向けイベントで、Appleはサブスクリプション（継続課金）型サービスに力を注ぐことを明言しました。今後の成長を考え、Appleは3つ目の方法を選択したと考えることもできるでしょう。

　Appleは今後、どの方法にシフトしていくのでしょうか。
　ぜひ、注目してみてください。

2-6

Microsoft、Oracleなど、その他のライバル会社の将来を予測する

◆ Microsoftの損益計算書

現在好調に見える企業について、その好調がこれからも続くのかどうか。英文決算書を読み解けば、Apple同様の分析を行うことが可能です。

例として、Appleのライバルと目されているMicrosoft Corporation（以下、Microsoft）について、同じように見ていきましょう。

図2-6-1　Microsoftの損益計算書

ITEM 8. FINANCIAL STATEMENTS AND SUPPLEMENTARY DATA

INCOME STATEMENTS

(In millions, except per share amounts)

Year Ended June 30,		2019		2018		2017
Revenue:						
Product	$	66,069	$	64,497	$	63,811
Service and other		59,774		45,863		32,760
Total revenue		125,843		110,360		96,571
Cost of revenue:						
Product		16,273		15,420		15,175
Service and other		26,637		22,933		19,086
Total cost of revenue		42,910		38,353		34,261
Gross margin		82,933		72,007		62,310
Research and development		16,876		14,726		13,037
Sales and marketing		18,213		17,469		15,461
General and administrative		4,885		4,754		4,481
Restructuring		0		0		306
Operating income		42,959		35,058		29,025
Other income, net		729		1,416		876
Income before income taxes		43,688		36,474		29,901
Provision for income taxes		4,448		19,903		4,412
Net income	$	39,240	$	16,571	$	25,489
Earnings per share:						
Basic	$	5.11	$	2.15	$	3.29
Diluted	$	5.06	$	2.13	$	3.25
Weighted average shares outstanding:						
Basic		7,673		7,700		7,746
Diluted		7,753		7,794		7,832

Refer to accompanying notes.

出所：Microsoft 10-K

図2-6-2　Microsoftの損益計算書の日本語訳（参考）

損益計算書

（単位：百万円※）

事業年度終了日6月30日	2019	2018	2017
売上			
製品	6,606,900	6,449,700	6,381,100
サービスその他	5,977,400	4,586,300	3,276,000
総売上高	12,584,300	11,036,000	9,657,100
売上原価			
製品	1,627,300	1,542,000	1,517,500
サービスその他	2,663,700	2,293,300	1,908,600
総売上原価	4,291,000	3,835,300	3,426,100
売上総利益	8,293,300	7,200,700	6,231,000
研究開発費	1,687,600	1,472,600	1,303,700
販売・マーケティング	1,821,300	1,746,900	1,546,100
一般管理費	488,500	475,400	448,100
構造改革費用	0	0	30,600
営業利益	4,295,900	3,505,800	2,902,500
その他損益	72,900	141,600	87,600
税引前当期利益	4,368,800	3,647,400	2,990,100
税金費用	444,800	1,990,300	441,200
当期純利益	3,924,000	1,657,100	2,548,900

※1ドル100円で換算　　　　　　　　　　　　　出所：Microsoft 10-Kをもとに筆者作成

図2-6-3　Microsoftの成長率計算

		2019	2018	2017
Revenue:（売上高）				
Product（製品売上）	④	104%	101%	100%
Service and other（サービスその他売上）		182%	140%	100%
Total revenue（売上高計）	①	130%	114%	100%
Cost of revenue:（売上原価）		142%	115%	100%
Product（製品売上原価）		107%	102%	100%
Service and other（サービスその他売上原価）		140%	120%	100%
Total cost of revenue（売上原価計）		125%	112%	100%
Gross margin（売上総利益）		133%	116%	100%
Operating income（営業利益）	②	148%	121%	100%
Income before income taxes（税引前利益）		146%	122%	100%
Provision for income taxes（税金費用）		101%	③ 451%	100%
Net income（当期純利益）		154%	65%	100%

出所：Microsoft 10-Kをもとに筆者作成

会社の成長を見るため、Microsoftの成長率を計算します。今回は分析をスピーディに行うため、計算するのは主要な数値のみとします。基準年度は2017年度とします。

Microsoftも業績は好調です。Revenue（売上高）は2017年度から30%伸び（図2-6-3囲み①）、Operating income（営業利益）は48%も伸びています（図2-6-3囲み②）。2017年のNet income（当期純利益）だけがマイナスとなっているのは、2017年のProvision for income taxes（税金費用）が大きかったためと理解することができます（図2-6-3囲み③）。

また、**Revenue（売上高）の内訳として、Product（製品売上）はほとんど成長していません。Revenue（売上高）の成長はService and other（サービスその他売上）の伸びによるものということがわかります**（図2-6-3囲み④）。

続いて、Microsoftの事業内容について理解しておきましょう。

◆Microsoftの事業内容

Microsoftは「Item.1 Business」で、現在販売しているサービス・製品について簡略に説明しています。

▼2019年Microsoftのアニュアルレポートより

What We Offer

Founded in 1975, we develop and support software, services, devices, and solutions that deliver new value for customers and help people and businesses realize their full potential.

We offer an array of services, including cloud-based solutions that provide customers with software, services, platforms, and content, and we provide solution support and consulting services. We also deliver relevant online advertising to a global audience.

Our products include operating systems; cross-device productivity applications; server applications; business solution applications; desktop and server management tools; software development tools; and video games. We also design, manufacture, and sell devices, including PCs, tablets, gaming and entertainment consoles, other intelligent devices, and related accessories.

▼日本語訳

当社の提供する製品・サービス

当社は、1975年に設立され、顧客に新しい価値を提供し、個人やビジネスですべての可能性の実現を手助けできるソフトウェア、サービス、デバイス、ソリューションを開発し、サポートしています。

当社は、顧客にソフトウェア、サービス、プラットフォーム、コンテンツを提供するクラウドベースのソリューションを含む一連のサービスを提供しています。そして、当社はソリューション・サポート、コンサルティングサービスを提供しています。当社は、世界の視聴者に関連したオンライン広告の提供も行っています。

当社の製品は、オペレーティング・システム、デバイスをまたがった生産性向上アプリケーション、課題解決アプリケーション、デスクトップ機・サーバーの管理ツール、ソフトウェア開発ツール、ビデオゲームです。当社はPC, タブレット、ゲーム・エンタテインメント装置、他のインテリジェントデバイス、関連するアクセサリーを含む機器をデザインし製造し、販売しています。

事業内容に目を通すと、**Microsoftはかつてのアプリケーション、ゲーム機器の販売会社から、クラウドを含むサービス提供を重視した会社になっていることがわかります。**

◆ セグメント情報を読み解く

Microsoftは英文決算書の「Item 8. Financial Statements and Supplementary Data」に、「NOTE 21 – Segment Information and Geographic Data」とし

てセグメント情報を開示しています。そこでは、「Office products and cloud services」「Server products and cloud services」「Windows」「Gaming」「Search advertising」など9つの製品、サービスの売上高が記載されています（図2-6-4）。

図2-6-4　Microsoftのセグメント情報

Revenue from external customers, classified by significant product and service offerings, was as follows:

(In millions)

Year Ended June 30,		2019		2018		2017
Server products and cloud services	$	32,622	$	26,129	$	21,649
Office products and cloud services		31,769		28,316		25,573
Windows		20,395		19,518		18,593
Gaming		11,386		10,353		9,051
Search advertising		7,628		7,012		6,219
LinkedIn		6,754		5,259		2,271
Enterprise Services		6,124		5,846		5,542
Devices		6,095		5,134		5,062
Other		3,070		2,793		2,611
Total	$	125,843	$	110,360	$	96,571

出所：Microsoft 10-K

図2-6-5　Microsoftのセグメント情報の日本語訳（参考）

（単位：百万円※）

事業年度終了日6月30日	2019	2018	2017
サーバー製品とクラウドサービス	3,262,200	2,612,900	2,164,900
オフィス製品とクラウドサービス	3,176,900	2,831,600	2,557,300
ウインドウズ	2,039,500	1,951,800	1,859,300
ゲーム	1,138,600	1,035,300	905,100
検索広告	762,800	701,200	621,900
リンクトイン	675,400	525,900	227,100
企業向けサービス	612,400	584,600	554,200
デバイス	609,500	513,400	506,200
その他	307,000	279,300	261,100
合計	12,584,300	11,036,000	9,657,100

※1ドル100円で換算

出所：Microsoft 10-Kをもとに筆者作成

　最初に、2019年度の売上構成比を見てみましょう。図2-6-6にMicrosoftの売上構成比を示します。

図2-6-6　2019年度Microsoftの売上構成

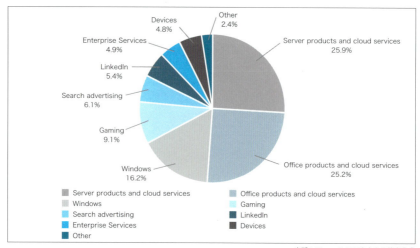

出所：Microsoft 10-Kをもとに筆者作成

　Microsoftの売上構成を見ると、Windowsは全体の16.2%しかありません。Officeはクラウドベースの提供を含め、売上高の4分の1を占めています。
　Server products and cloud services（サーバー製品とクラウドサービス）が売上の4分の1を超えていることに注目してください。**Microsoftはすでに従来のWindows,Officeが中心の会社ではなく、新しく収益を獲得できるサービスを伸ばしているということです。**

◆製品・サービス別に売上成長率を分析する

　売上構成が理解できたので、次は製品・サービス別に成長率を計算します（図2-6-7）。

　驚くことに、Microsoftでは全ての製品・サービスの売上高が、2017年度、2018年度で伸びています。
　売上の4分の1を超えていた「サーバー製品とクラウドサービス」は、この2年で51%も成長しています（図2-6-7囲み①）。

2-6 Microsoft、Oracleなど、その他のライバル会社の将来を予測する

図2-6-7 製品・サービス別売上成長率

	2019	2018	2017
Server products and cloud services	① 151%	121%	100%
Office products and cloud services	124%	111%	100%
Windows	110%	105%	100%
Gaming	126%	114%	100%
Search advertising	123%	113%	100%
LinkedIn	297%	232%	100%
Enterprise Services	111%	105%	100%
Devices	120%	101%	100%
Other	118%	107%	100%
Total	130%	114%	100%

出所：Microsoft 10-Kをもとに筆者作成

図2-6-8 製品・サービス別売上成長率

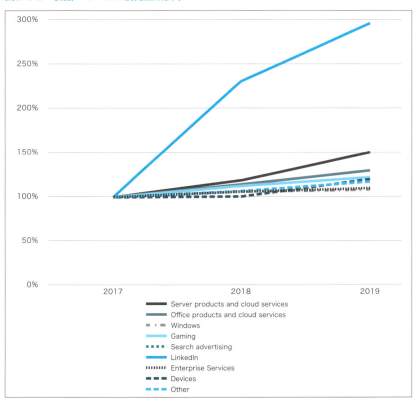

出所：Microsoft 10-Kをもとに筆者作成

63

また、LinkedIn（リンクトイン）が197％成長しているのも注目すべき点です。LinkedInは、世界最大級のビジネス特化型SNSサービスです。Linke-dInを提供していたLinkedIn社は、2016年12月にMicrosoftに買収されました。**買収後、2年で2倍近い成長をしていることから、買収は有効であり、買収の効果が十分に発揮されていると考えることができます。**

製品・サービス別成長率のグラフを、図2-6-8に示します。

このように、**Microsoftの将来については、現時点では全く不安がなく有望だと考えて良いと思います。**

◆ Oracleの将来を予想する

データベースソフトの販売でソフトウェア市場で売上高第2位となるOracle Corporation（以下、Oracle）は、AppleやMicrosoftのライバルと目される会社でした。

Apple、Microsoftと同じように英文決算書を読み解き、Oracleの未来を予測してみてください。

Oracleの連結損益計算書を見ると、Total revenue（総売上高）、Operating income（営業利益）は横ばいに見えます（図2-6-9囲み①②）。**2017年を基準年度とした成長率計算を行い、Oracleが成長しているかどうかを判断しましょう。**

Oracleは、英文決算書の「Item 8. Financial Statements and Supplementary Data」に「15 Segment Information」としてセグメント情報を開示しています。Orcleの事業区分は「Cloud and license」「Hardware」「Services」の3つです（図2-6-10囲み①②③）。

2019年の売上高構成比を明らかにし、製品・サービス別に成長率を計算してみましょう。そして、Oracleの製品・サービスには今後成長の余地があるのかについて分析してみてください。

図2-6-9　Orcleの連結損益計算書

ORACLE CORPORATION
CONSOLIDATED STATEMENTS OF OPERATIONS
For the Years Ended May 31, 2019, 2018 and 2017

(in millions, except per share data)	2019	2018	2017
Revenues:			
Cloud services and license support	$ 26,707	$ 26,222	$ 23,758
Cloud license and on-premise license	5,855	5,772	6,523
Hardware	3,704	3,994	4,152
Services	3,240	3,395	3,359
① Total revenues	39,506	39,383	37,792
Operating expenses:			
Cloud services and license support (1)	3,782	3,606	3,011
Hardware (1)	1,360	1,576	1,648
Services (1)	2,853	2,878	2,793
Sales and marketing (1)	8,509	8,433	8,085
Research and development	6,026	6,084	6,153
General and administrative	1,265	1,282	1,172
Amortization of intangible assets	1,689	1,620	1,451
Acquisition related and other	44	52	103
Restructuring	443	588	463
Total operating expenses	25,971	26,119	24,879
② Operating income	13,535	13,264	12,913
Interest expense	(2,082)	(2,025)	(1,798)
Non-operating income, net	815	1,185	565
Income before provision for income taxes	12,268	12,424	11,680
Provision for income taxes	1,185	8,837	2,228
Net income	$ 11,083	$ 3,587	$ 9,452
Earnings per share:			
Basic	$ 3.05	$ 0.87	$ 2.30
Diluted	$ 2.97	$ 0.85	$ 2.24
Weighted average common shares outstanding:			
Basic	3,634	4,121	4,115
Diluted	3,732	4,238	4,217

(1)　Exclusive of amortization of intangible assets, which is shown separately.

出所：Oracle 10-K

図2-6-10　Oracleのセグメント情報

May 31, 2019

The following table presents su mmary results for each of our three businesses for each of fiscal 201 9 , 201 8 and 201 7 :

(in millions)	2019	2018	2017
① Cloud and license:			
Revenues (1)	$ 32,582	$ 32,041	$ 30,452
Cloud services and license support expenses	3,597	3,441	2,881
Sales and marketing expenses	7,398	7,213	6,770
Margin (2)	$ 21,587	$ 21,387	$ 20,801
② Hardware:			
Revenues	$ 3,704	$ 3,994	$ 4,152
Hardware products and support expenses	1,327	1,547	1,618
Sales and marketing expenses	520	643	825
Margin (2)	$ 1,857	$ 1,804	$ 1,709
③ Services:			
Revenues	$ 3,240	$ 3,395	$ 3,359
Services expenses	2,703	2,729	2,661
Margin (2)	$ 537	$ 666	$ 698
Totals:			
Revenues (1)	$ 39,526	$ 39,430	$ 37,963
Expenses	15,545	15,573	14,755
Margin (2)	$ 23,981	$ 23,857	$ 23,208

(1)　Cloud and license revenues presented for management reporting included revenues related to cloud and license obligations that would have otherwise been recorded by the acquired businesses as independent entities but were not recognized in our consolidated statements of operations for the periods presented due to business combination accounting requirements. See Note 9 for an explanation of these adjustments and the table below for a reconciliation of our total operating segment revenues to our total consolidated revenues as reported in our consolidated statements of operations .

(2)　The margins reported reflect only the direct controllable costs of each line of business and do not include allocations of product development, general and administrative and certain other allocable expenses, net. Additionally, the margins reported above do not reflect amortization of intangible assets, acquisition related and other expenses, restructuring expenses, stock-based compensation, interest expense or non-operating income, net. Refer to the table below for a reconciliation of our total margin for operating segments to our income before provision for income taxes as reported per our consolidated statements of operations.

出所：Oracle 10-K

◎英文決算書を読む際に知っておくべき 会計用語について（その1）

　この章では、損益計算書を中心に英文決算書を読み解きました。その締めとして、損益計算書を読むための会計用語を確認しましょう。英文決算書の損益計算書を最初に読む段階では、以下の会計用語を身につければほぼ十分です。

Consolidated Statesments of Income Operations/Consolidated Statesments of Operations

連結損益計算書。Consolidatedは連結を表します。損益計算書には「Statement of Income Operations」「Statement of Operations」などの言い方があります。

Sales

売上高。説明するまでもありませんが、Salesが売上高を表します。また、売上品目が複数ある場合は、「Total sales」が総売上高を表します。

Cost of goods sold/ Cost of revenue

売上原価。売れた物に対応する費用が売上原価です。「Cost of revenue」といういい方もあります。

Gross margin

売上総利益。売上高から売上原価を差し引いたものが、「Gross margin」になります。

Operating expenses

営業費用。営業全般にかかる費用が営業費用です。

Research and development

研究開発費。単語としては、Reserchが研究、developmentが開発に該当します。

Selling, general and administrative

販売費及び一般管理費。Selling が販売、general は一般、administrative が管理費に該当します。略して、SG ＆ A と表現される場合もあります。

Depreciation and amortization

減価償却費。英語では、有形固定資産の減価償却費が「Depreciation」、無形固定資産の償却費が「amortization」になります。

Operating income

営業利益。売上総利益から営業費用を差し引いたものが、「Operating income」になります。

Interest income

受取利息。Interest が利息に該当します。income で受取を表します。

Interest expense

支払利息。受取利息と合わせて、純額で表示される場合もあります。

Income before provision for income taxes

税引前当期利益。「Provision for income taxes」が税金費用に当たります。税金費用を控除前の利益金額です。

Provision for income taxes

税金費用。英文決算書では、支払う税金に税効果を含んだ税金費用を「Provision for income taxes」として開示します。

Net income

当期純利益。当期純利益は「Net income」で表します。

goodwill impairment

のれんの減損。のれんは英語で「goodwill」と表現します。「impairment」が減損です。

Equity in earnings of nonconsolidated affiliates

持分法による投資利益。「affiliates」が関連会社を表します。「nonconsolidat-ed」は、連結されていないという意味です。

Restructuring

構造改革費。日本では特別損益とされますが、英文決算書では営業費用に含めて開示されます。

discontinued operations

非継続事業。英文決算書では、将来継続が予定されていない事業は非継続事業として、区分掲記されます。継続事業は「continued operations」です。

第 **3** 章

Teslaはこれからも
未来の商品を
提供できるのか

企業の事業展開を先読みするためのヒントが、決算書には散りばめられている

　Tesla,Inc.（以降の表記は「Tesla」とする）は2003年に創業したベンチャー企業です。電気自動車を製造販売する会社で、完全自動運転の開発を行っているという報道で世界的に有名になりました。

　では、Teslaの現在の業績はどうなっているのでしょうか？　また、今後の事業展開に疑念はないのでしょうか？

　この章では、Teslaの英文決算書を題材にして、企業の存続予測を行うための分析について説明します。

3-1
まずは業績の確認から

◆ 業績はどうなっているのか

　Teslaは2003年に創業された、比較的新しい会社です。2008年に発売したロードスターは、世界中の注目を集めました。その後、Teslaが電気自動車としてゼロから開発したModel S は、あらゆるカテゴリーにおいてクラス最高と評価される自動車となりました。
　一方でTeslaは、経営危機にあるという話が何度か出ています。

　企業は取引先の経営状態を常に注視する必要があります。**特に経営がよくないといわれている会社については、その真偽について裏付けをもって確かめる必要があります。**そして英文決算書は会社の期末時点の財政状態を開示する書類でもあるので、会社の財政状態を分析するのに最適です。

　最初に、Teslaのここ数年の業績を確認しましょう。Teslaの損益計算書は、英文決算書の「Item 8. Financial Statements and Supplementary Data」に「Consolidated Statements of Operations」の表題で記載されています（図3-1-1）。

　Teslaの財務諸表は、千ドルを単位として開示されていることに注意してください。**Net Loss（当期純損失）を見ると、Teslaは3期連続で赤字を計上しています**（図3-1-1囲み）。
　図3-1-2にTeslaのConsolidated Statements of Operations（連結損益計算書）の日本語訳を示します。

　TeslaのConsolidated Statements of Operations（連結損益計算書）を概観しましょう。Revenues（総収益）は2018年で2016年の3倍以上、2017年と比べても2倍近く伸びています（図3-1-2囲み①）。それにともない、Gross profit（売上総利益）も近い比率で伸びています（図3-1-2囲み②）。これは、

第3章　Teslaはこれからも未来の商品を提供できるのか

好材料です。しかしOperating expenses（営業費用）が大きく、2016年から2018年はすべてLoss from operations（営業損失）となっています（図3-1-2囲み③）。

　Teslaの業績は考えていたよりも悪そうです。1ドル100円で換算すると、2016年は674億円、2017年は1,961億円もの赤字を計上しています。2018年はかなり減ったとはいえ、976億円の赤字です。

これだけ巨額の赤字を計上し続けて、Teslaは存続できるのでしょうか？財務的安全性は、貸借対照表を読み解くことによってわかります。Teslaの連結貸借対照表を見てみましょう。

図3-1-1　Teslaの連結損益計算書

Tesla, Inc.
Consolidated Statements of Operations
(in thousands, except per share data)

	Year Ended December 31,		
	2018	2017	2016
Revenues			
Automotive sales	$　17,631,522	$　8,534,752	$　5,589,007
Automotive leasing	883,461	1,106,548	761,759
Total automotive revenues	18,514,983	9,641,300	6,350,766
Energy generation and storage	1,555,244	1,116,266	181,394
Services and other	1,391,041	1,001,185	467,972
Total revenues	21,461,268	11,758,751	7,000,132
Cost of revenues			
Automotive sales	13,685,572	6,724,480	4,268,087
Automotive leasing	488,425	708,224	481,994
Total automotive cost of revenues	14,173,997	7,432,704	4,750,081
Energy generation and storage	1,364,896	874,538	178,332
Services and other	1,880,354	1,229,022	472,462
Total cost of revenues	17,419,247	9,536,264	5,400,875
Gross profit	4,042,021	2,222,487	1,599,257
Operating expenses			
Research and development	1,460,370	1,378,073	834,408
Selling, general and administrative	2,834,491	2,476,500	1,432,189
Restructuring and other	135,233	—	—
Total operating expenses	4,430,094	3,854,573	2,266,597
Loss from operations	(388,073)	(1,632,086)	(667,340)
Interest income	24,533	19,686	8,530
Interest expense	(663,071)	(471,259)	(198,810)
Other income (expense), net	21,866	(125,373)	111,272
Loss before income taxes	(1,004,745)	(2,209,032)	(746,348)
Provision for income taxes	57,837	31,546	26,698
Net loss	(1,062,582)	(2,240,578)	(773,046)
Net loss attributable to noncontrolling interests and redeemable noncontrolling interests in subsidiaries	(86,491)	(279,178)	(98,132)
Net loss attributable to common stockholders	$　(976,091)	$　(1,961,400)	$　(674,914)
Net loss per share of common stock attributable to common stockholders			
Basic	$　(5.72)	$　(11.83)	$　(4.68)
Diluted	$　(5.72)	$　(11.83)	$　(4.68)
Weighted average shares used in computing net loss per share of common stock			
Basic	170,525	165,758	144,212
Diluted	170,525	165,758	144,212

The accompanying notes are an integral part of these consolidated financial statements.

出所：Tesla 10-Kpple 10-Kをもとに筆者作成

3-1 まずは業績の確認から

図3-1-2　Teslaの連結損益計算書の日本語訳（参考）

Tesla,INC.
連結損益計算書
（単位：千円※）

		12月31日に終了する事業年度		
		2018	2017	2016
収益				
自動車売上		1,763,152,200	853,475,200	558,900,700
自動車リース売上		88,346,100	110,654,800	76,175,900
自動車収益計		1,851,498,300	964,130,000	635,076,600
発電システムと充電器		155,524,400	111,626,600	18,139,400
サービスその他		139,104,100	100,118,500	46,797,200
総収益	①	2,146,126,800	1,175,875,100	700,013,200
売上原価				
自動車売上原価		1,368,557,200	672,448,000	426,808,700
自動車リース売上原価		48,842,500	70,822,400	48,199,400
自動車収益売上原価		1,417,399,700	743,270,400	475,008,100
発電システムと充電器売上原価		136,489,600	87,453,800	17,833,200
サービスその他売上原価		188,035,400	122,902,200	47,246,200
総売上原価		1,741,924,700	953,626,400	540,087,500
売上総利益	②	404,202,100	222,248,700	159,925,700
営業費用				
研究開発費		146,037,000	137,807,300	83,440,800
販売費および一般管理費		283,449,100	247,650,000	143,218,900
構造改革その他		13,523,300		
営業費用合計		443,009,400	385,457,300	226,659,700
営業損失	③	(38,807,300)	(163,208,600)	(66,734,000)
受取利息		2,453,300	1,968,600	853,000
支払利息		(66,307,100)	(47,125,900)	(19,881,000)
その他損益		2,186,600	(12,537,300)	11,127,200
税引前当期利益		(100,474,500)	(220,903,200)	(74,634,800)
税金費用		5,783,700	3,154,600	2,669,800
当期純損失		(106,258,200)	(224,057,800)	(77,304,600)
持分法適用会社に対する持分相当額		(8,649,100)	(27,917,800)	(9,813,200)
当期純損失		(97,609,100)	(196,140,000)	(67,491,400)

※1ドル100円で換算

出所：Tesla 10-Kをもとに筆者作成

3-2
短期的支払能力を分析する

◆事業内容を理解する

　貸借対照表の分析に入る前に、Teslaの事業内容を理解しましょう。英文決算書冒頭の「Item.1 Business」の記述に目を通します。OverviewにTeslaが現在行っている事業について、わかりやすい説明があります。

▼2018年Teslaのアニュアルレポートより

Overview

We design, develop, manufacture and sell high-performance fully electric vehicles（"EVs"）and energy generation and storage systems, and also install and maintain such energy systems and sell solar electricity. We are the world's first vertically integrated sustainable energy company, offering end-to end clean energy products, including generation, storage and consumption. We have established and continue to grow a global network of stores, galleries, vehicle service centers, Mobile Service technicians, body shops, Supercharger stations and Destination Chargers to accelerate the widespread adoption of our products, and we continue to develop self-driving capability in order to improve vehicle safety. Our sustainable energy products, engineering expertise, intense focus to accelerate the world's transition to sustainable energy, and business model differentiate us from other companies.

We currently produce and sell three fully electric vehicles: the Model S sedan, the Model X sport utility vehicle（"SUV"）and the Model 3 sedan. All of our vehicles offer high performance and functionality as well as attractive styling.

▼日本語訳

概要

当社は、高性能なバッテリー式電気自動車（EVs）と電力システム、蓄電器を設計、開発、製造し、販売しています。また、エネルギーシステムを設置、点検し、太陽電池パネルを販売しています。当社は世界で最初の垂直統合した持続可能エネルギーの会社です。発電、蓄電、利用を組み込んだ端から端までクリーンエネルギーで結ばれた製品を提供します。当社は世界で店舗、展示店、自動車サービスセンター、当社の製品が広範に導入されることを推進する自動車サービス技術者、自動車修理工場、充電スタンドを確立し、展開し続けています。また、当社は自動車の安全性を改善するために、自動運転技術を開発し続けています。当社の持続可能エネルギー製品、専門工学技術は世界の持続可能エネルギーへの転換を促進することに専ら集中しています。ビジネスモデルは他の会社と違います。

当社は現在、Model S セダン、Model X スポーツ用多目的車（SUV），Model 3 セダン、以上 3 タイプのバッテリー式電気自動車を製造販売しています。当社の自動車はすべて魅力ある外観とともに、高い性能と機能を提供します。

英文決算書では、このあと詳しい製品説明が続きますが、本書では省略します。

とりあえず、**Tesla は electric vehicles（電気自動車（EVs））と energy generation（電力システム）、storage systems（蓄電器）の主に 3 種類の製品を製造販売する会社**であり、他に特筆すべき事業を行っていないことが理解できたかと思います。

◆ 貸借対照表の概観

英文決算書から、Tesla は赤字を計上し続けていることがわかりました。

数期間赤字を計上したとしても、過去に多額の利益を計上していて支払能力が十分にあれば、企業の存続に問題は生じません。財政状態を分析す

75

るため、Teslaの連結貸借対照表を読みましょう。

Teslaの連結貸借対照表は、英文決算書の「Item 8. Financial Statements and Supplementary Data」に「Consolidated Balance Sheets」の表題で記載されています。

TeslaのConsolidated Balance Sheets（連結貸借対照表）を図3-2-1に示します。

図3-2-1　Teslaの連結貸借対照表

Tesla, Inc.

Consolidated Balance Sheets

(in thousands, except per share data)

	December 31, 2018	December 31, 2017
Assets		
Current assets		
Cash and cash equivalents	$ 3,685,618	$ 3,367,914
Restricted cash	192,551	155,323
Accounts receivable, net	949,022	515,381
Inventory	3,113,446	2,263,537
Prepaid expenses and other current assets	365,671	268,365
Total current assets	8,306,308	6,570,520
Operating lease vehicles, net	2,089,758	4,116,604
Solar energy systems, leased and to be leased, net	6,271,396	6,347,490
Property, plant and equipment, net	11,330,077	10,027,522
Intangible assets, net	282,492	361,502
Goodwill	68,159	60,237
MyPower customer notes receivable, net of current portion	421,548	456,652
Restricted cash, net of current portion	398,219	441,722
Other assets	571,657	273,123
Total assets	$ 29,739,614	$ 28,655,372
Liabilities		
Current liabilities		
Accounts payable	$ 3,404,451	$ 2,390,250
Accrued liabilities and other	2,094,253	1,731,366
Deferred revenue	630,292	1,015,253
Resale value guarantees	502,840	787,333
Customer deposits	792,601	853,919
Current portion of long-term debt and capital leases	2,567,699	796,549
Current portion of promissory notes issued to related parties	—	100,000
Total current liabilities	9,992,136	7,674,670
Long-term debt and capital leases, net of current portion	9,403,672	9,418,319
Deferred revenue, net of current portion	990,873	1,177,799
Resale value guarantees, net of current portion	328,926	2,309,222
Other long-term liabilities	2,710,403	2,442,970
Total liabilities	23,426,010	23,022,980
Commitments and contingencies (Note 17)		
Redeemable noncontrolling interests in subsidiaries	555,964	397,734
Convertible senior notes (Note 13)	—	70
Equity		
Stockholders' equity		
Preferred stock; $0.001 par value; 100,000 shares authorized; no shares issued and outstanding	—	—
Common stock; $0.001 par value; 2,000,000 shares authorized; 172,603 and 168,797 shares issued and outstanding as of December 31, 2018 and 2017, respectively	173	169
Additional paid-in capital	10,249,120	9,178,024
Accumulated other comprehensive (loss) income	(8,218)	33,348
Accumulated deficit	(5,317,832)	(4,974,299)
Total stockholders' equity	4,923,243	4,237,242
Noncontrolling interests in subsidiaries	834,397	997,346
Total liabilities and equity	$ 29,739,614	$ 28,655,372

出所：Tesla 10-K

TeslaのConsolidated Balance Sheets（連結貸借対照表）は、流動・固定の分類に従って開示されていることがわかります。

Teslaの連結貸借対照表の日本語訳を、図3-2-2に示します。

3-2 短期的支払能力を分析する

図3-2-2 Teslaの連結貸借対照表の日本語訳（参考）

Tesla,INC.
連結貸借対照表
（単位:千円※）

	12月31日 2018	12月31日 2017
資産		
流動資産		
現金及び現金同等物	368,561,800	336,791,400
用途が制限された預金	19,255,100	15,532,300
売掛金純額	94,902,200	51,538,100
棚卸資産	311,344,600	226,353,700
前払費用・その他流動資産	36,567,100	26,836,500
流動資産計	830,630,800	657,052,000
自動車のオペレーティングリース純額	208,975,800	411,660,400
太陽発電システム、リース、再リース純額	627,139,600	634,749,000
有形固定資産　①	1,133,007,700	1,002,752,200
無形固定資産	28,249,200	36,150,200
のれん	6,815,900	6,023,700
MyPower customer売掛金	42,154,800	45,665,200
用途が制限された預金	39,821,900	44,172,200
他の資産	57,165,700	27,312,300
資産合計	2,973,961,400	2,865,537,200
負債		
流動負債		
買掛金	340,445,100	239,025,000
未払費用その他	209,425,300	173,136,600
繰延収益	63,029,200	101,525,300
再販売価格保証	50,284,000	78,733,300
預かり保証金	79,260,100	85,391,900
長期債務とファイナンスリース債務	256,769,900	79,654,900
関連当事者支払手形		10,000,000
流動負債計	999,213,600	767,467,000
長期債務とファイナンスリース債務	940,367,200	941,831,900
繰延収益	99,087,300	117,779,900
再販売価格保証	32,892,600	230,922,200
他の長期負債	271,040,300	244,297,000
負債合計	2,342,601,000	2,302,298,000
契約債務と偶発債務		
子会社に対する償還可能な非支配持分	55,596,400	39,773,400
優先転換社債		7,000
資本		
資本金	17,300	16,900
資本準備金　②	1,024,912,000	917,802,400
その他の包括利益（損失）累計額	(821,800)	3,334,800
繰越欠損金　③	(531,783,200)	(497,429,900)
株主資本計	492,324,300	423,724,200
非支配持分	83,439,700	99,734,600
負債・資本合計	2,973,961,400	2,865,537,200

※1ドル100円で換算　　　　　　　　　　　出所：Tesla 10-Kをもとに筆者作成

第3章　Teslaはこれからも未来の商品を提供できるのか

77

2018年のConsolidated Balance Sheets（連結貸借対照表）を概観します。**連結貸借対照表を見る場合、最初は大きな数字に着目します。**

一番大きいのは、Property,plant and equipment,net（有形固定資産）の1兆1,330億円です（図3-2-2囲み①）。これは電気自動車等を製造するために、これだけの設備が必要であると理解できます。また、**これだけの固定資産を持っていると、減価償却費の負担もかなりの金額になると予想できます。**

次に大きいのは、Additional paid-in capital（資本準備金）の1兆249億円（図3-2-2囲み②）と、Accumlated deficit（繰越欠損金）の5,317億円（図3-2-2囲み③）です。これを見ると、**株主から拠出された資本のほぼ半分はこれまでの赤字で消えてしまったことがわかります。**

財政状態は悪いということがわかりました。代表的な分析手法を用いて、Teslaの安全性を評価してみましょう。

◆ 流動比率・当座比率の計算

企業の短期的支払能力を評価するための指標として、Current ratio（流動比率）とQuick assets ratio（当座比率）があります。

流動比率は1年以内に現金化できる資産が、1年以内に返済すべき負債をどれだけ上回っているかを表す指標です。流動比率を見れば、会社の短期的な支払能力（短期安全性）がわかります。

流動比率は以下の数式で計算されます。

$$流動比率（\%）= \frac{流動資産}{流動負債} \times 100$$

流動資産とは1年以内に現金化される資産で、流動負債とは1年以内に支払期限の到来する返済義務です。

流動比率が100%以上であれば、流動資産が流動負債を上回っている、つまり短期的な支払能力が支払義務より大きいので、支払について余力があると推測できます。

　前述の数式を2018年度のTeslaに当てはめると、次のようになります。

$$
流動比率（\%）= \frac{8,306,308}{9,992,136} \times 100 = 83.1\%
$$

※米国千ドル単位で計算

　Teslaの流動比率は100%を大きく下回っています。1年以内に返済すべき負債が1年以内に現金化できる資産を上回っているということですから、短期的な支払能力について、Teslaの財政状態は極めて悪いという結論になります。**Teslaは早急に資金調達の必要に迫られているはずです。増資または長期借入を行い、流動比率を改善する必要があります。**

　通常、流動比率が問題ない水準にある場合は、次に当座比率を計算します。当座比率は次の数式で計算されます。

$$
当座比率（\%）= \frac{当座資産}{流動負債} \times 100
$$

　当座資産とは、流動資産のうちでも相対的に換金が容易な項目をいい、現金、預金、受取手形、売掛金、市場性のある一時所有の有価証券のほか、短期貸付金や未収金などがこれに含まれます。

　当座比率は、流動比率とは異なり分子に棚卸資産を含みません。棚卸資産はそれが販売されて現預金として回収されるまで支払能力がないため、理論的には当座比率のほうが流動比率より厳密な算式です。

過剰在庫を持っている企業ですと、流動比率は安全な数字に見えますが、当座比率は当然低くなります。

2018年3月15日に米国事業の清算を破産裁判所に届け出たTOYS "R" US, INC.（以下TOYS "R" US）を例として、流動比率、当座比率を計算してみましょう。

TOYS "R" USのConsolidated Balance Sheets（連結貸借対照表）と、その日本語訳は次の通りです（図3-2-3、3-2-4）。

図3-2-3　TOYS "R" USの連結貸借対照表

Toys "R" Us, Inc. and Subsidiaries
Consolidated Balance Sheets

(In millions - except share amounts)		January 28, 2017		January 30, 2016
ASSETS				
Current Assets:				
Cash and cash equivalents	$	566	$	680
Accounts and other receivables		255		225
Merchandise inventories		2,476		2,270
Prepaid expenses and other current assets		92		113
Total current assets		3,389		3,288
Property and equipment, net		3,067		3,163
Goodwill		64		64
Deferred tax assets		129		96
Restricted cash		54		52
Other assets		205		247
Total Assets	$	6,908	$	6,910
LIABILITIES, TEMPORARY EQUITY AND STOCKHOLDERS' DEFICIT				
Current Liabilities:				
Accounts payable	$	1,695	$	1,699
Accrued expenses and other current liabilities		897		994
Income taxes payable		27		32
Current portion of long-term debt		119		73
Total current liabilities		2,738		2,798
Long-term debt		4,642		4,612
Deferred tax liabilities		75		64
Deferred rent liabilities		343		345
Other non-current liabilities		271		245
Temporary Equity		132		111
Stockholders' Deficit:				
Common stock (par value $0.001 and $0.001; shares authorized 65,000,000 and 60,000,000; shares outstanding 49,353,943 and 49,347,672 at January 28, 2017 and January 30, 2016, respectively)		—		—
Treasury stock		—		—
Additional paid-in capital		72		67
Accumulated deficit		(1,124)		(1,062)
Accumulated other comprehensive loss		(240)		(270)
Total Stockholders' Deficit		(1,292)		(1,265)
Total Liabilities, Temporary Equity and Stockholders' Deficit	$	6,908	$	6,910

See Notes to the Consolidated Financial Statements.

出所：TOYS "R" US 10-K

2017年度のTOYS "R" USの流動比率は次のようになり、100%を超えています。

$$
流動比率（\%）= \frac{3,389}{2,738} \times 100 = 123.8\%
$$

※米国百万ドル単位で計算

3-2 短期的支払能力を分析する

図3-2-4 TOYS "R" USの連結貸借対照表の日本語訳（参考）

Toys "R" Us, Inc. and Subsidiaries
連結貸借対照表
（単位:百万円※）

	1月28日 2017	1月30日 2016
資産		
流動資産		
現金及び現金同等物	56,600	68,000
売掛金等	25,500	22,500
棚卸資産	247,600	227,000
前払費用・その他流動資産	9,200	11,300
流動資産計	338,900	328,800
有形固定資産	306,700	316,300
のれん	6,400	6,400
MyPower customer売掛金	12,900	9,600
用途が制限された預金	5,400	5,200
他の資産	20,500	24,700
資産合計	690,800	691,000
負債、一時的持分と債務超過		
流動負債		
買掛金	169,500	169,900
未払費用その他	89,700	99,400
未払法人税等	2,700	3,200
1年以内返済長期借入金	11,900	7,300
流動負債計	273,800	279,800
長期借入金	464,200	461,200
繰延税金負債	7,500	6,400
繰延家賃債務	34,200	34,500
他の長期負債	27,100	24,500
一時的持分	13,200	11,100
債務超過		
資本金	—	—
自己株式	—	—
資本準備金	7,200	6,700
繰越欠損金	(112,400)	(106,200)
その他の包括利益（損失）累計額	(24,000)	(27,000)
債務超過計	(116,000)	(115,400)
負債・資本合計	690,800	691,000

※1ドル100円で換算　　　　　　　　　　出所：Toys" R" Us 10-Kをもとに筆者作成

ところが、Quick assets ratio（当座比率）を計算してみると、極めて低い数字になります。

$$当座比率（\%）= \frac{566 + 255}{2,738} \times 100 = 30.0\%$$

※米国百万ドル単位で計算

TOYS "R" USは、在庫をすぐに販売できなければ支払いできないという、危険な状態になっていたことがわかります。

3-3
長期的支払能力を分析する

◆ 自己資本比率、負債比率

　3-2で、短期的な支払能力についてTeslaの財政状態は極めて悪いということがわかりました。ただ、**短期的な支払能力が低くても、長期的な支払能力が高い場合、現状の危機を乗り越えれば、企業は継続することができます。**Teslaの長期的な支払能力を分析してみましょう。

　長期的支払能力や全体としての安全性の測定は、Equity ratio（自己資本比率）Debt Equity Ratio（負債比率）Fixed ratio（固定比率）fixed long term conformity rate（長期固定適合率）が指標となります。
　それぞれの指標を計算してみましょう。
　自己資本比率は次の数式で計算されます。

$$\text{自己資本比率（\%）} = \frac{\text{自己資本}}{\text{総資産}} \times 100$$

　自己資本比率が高ければ、返済義務のある負債の比率が低いことになります。そのため経営の安定度は高まります。これらは同時に、外部の債権者にとっても安全度が高く、融資に適していることを意味します。
　計算のため、TeslaのConsolidated Balance Sheets（連結貸借対照表）を再掲します。

図3-3-1 Teslaの貸借対照表（再掲）

Tesla, Inc.
Consolidated Balance Sheets
(in thousands, except per share data)

	December 31, 2018	December 31, 2017
Assets		
Current assets		
Cash and cash equivalents	$ 3,685,618	$ 3,367,914
Restricted cash	192,551	155,323
Accounts receivable, net	949,022	515,381
Inventory	3,113,446	2,263,537
Prepaid expenses and other current assets	365,671	268,365
Total current assets	8,306,308	6,570,520
Operating lease vehicles, net	2,089,758	4,116,604
Solar energy systems, leased and to be leased, net	6,271,396	6,347,490
Property, plant and equipment, net	11,330,077	10,027,522
Intangible assets, net	282,492	361,502
Goodwill	68,159	60,237
MyPower customer notes receivable, net of current portion	421,548	456,652
Restricted cash, net of current portion	398,219	441,722
Other assets	571,657	273,123
Total assets	$ 29,739,614	$ 28,655,372
Liabilities		
Current liabilities		
Accounts payable	$ 3,404,451	$ 2,390,250
Accrued liabilities and other	2,094,253	1,731,366
Deferred revenue	630,292	1,015,253
Resale value guarantees	502,840	787,333
Customer deposits	792,601	853,919
Current portion of long-term debt and capital leases	2,567,699	796,549
Current portion of promissory notes issued to related parties	—	100,000
Total current liabilities	9,992,136	7,674,670
Long-term debt and capital leases, net of current portion	9,403,672	9,418,319
Deferred revenue, net of current portion	990,873	1,177,799
Resale value guarantees, net of current portion	328,926	2,309,222
Other long-term liabilities	2,710,403	2,442,970
Total liabilities	23,426,010	23,022,980
Commitments and contingencies (Note 17)		
Redeemable noncontrolling interests in subsidiaries	555,964	397,734
Convertible senior notes (Note 13)	—	70
Equity		
Stockholders' equity		
Preferred stock; $0.001 par value; 100,000 shares authorized; no shares issued and outstanding	—	—
Common stock; $0.001 par value; 2,000,000 shares authorized; 172,603 and 168,797 shares issued and outstanding as of December 31, 2018 and 2017, respectively	173	169
Additional paid-in capital	10,249,120	9,178,024
Accumulated other comprehensive (loss) income	(8,218)	33,348
Accumulated deficit	(5,317,832)	(4,974,299)
Total stockholders' equity	4,923,243	4,237,242
Noncontrolling interests in subsidiaries	834,397	997,346
Total liabilities and equity	$ 29,739,614	$ 28,655,372

出所：Tesla 10-K

2018年度のEquity ratio（自己資本比率）は、次のように計算できます。

$$\text{自己資本比率（\%）} = \frac{4,923,243}{29,739,614} \times 100 = 16.6\%$$

※米国千ドル単位で計算

自己資本比率は、アメリカ主要500社の平均が32％といわれていますので、Teslaの自己資本比率は低い方に属します。

Debt Equity Ratio（負債比率）は、次の数式で計算される指標です。

$$
負債比率（\%）= \frac{負債}{自己資本} \times 100
$$

自己資本比率は比率が高いほど安全性が高まりますが、負債比率は比率が低いほど安全性が高まります。計算結果の分析は、自己資本比率の分析結果と同じ結論になりますので、今回は計算結果を示すだけとします。

$$
負債比率（\%）= \frac{23,426,010}{4,923,243} \times 100 = 475.8\%
$$

※米国千ドル単位で計算

◆ 固定比率、長期固定適合率

連結貸借対照表を概観して気づいたように、Teslaは電気自動車などを製造するため、1兆1,330億円の有形固定資産を有しています。
大規模な設備投資を行う会社は、長期的な設備投資とそれに必要な資金の調達を考える必要があります。 長期的な投資は短期的に回収できませんので、長期的な投資を短期的な資金でまかなうことはきわめて危険です。したがって、長期的投資は長期資金で行うのが一般的な企業行動になります。

このような**長期的安全性を評価する指標が、「Fixed ratio（固定比率）」「fixed long term conformity rate（長期固定適合率）」です。**「固定比率」「固定長期適合率」は、それぞれ次の式から算出されます。

$$固定比率（\%）= \frac{固定資産}{自己資本} \times 100$$

$$固定長期適合率（\%）= \frac{固定資産}{自己資本＋固定負債} \times 100$$

　先ほどの分析で、Tesla は自己資本比率の低いことがわかっています。ここでは、fixed long term conformity rate（長期固定適合率）を計算します。Tesla の Consolidated Balance Sheets（連結貸借対照表）では、固定資産、固定負債の合計が記載されていませんので、Total assets（資産計）から Total current assets（流動資産）を差し引き、Total libilities（負債計）から Total current libilities（流動負債）を差し引いて、それぞれ計算します。

$$固定長期適合率（\%）= \frac{29{,}739{,}614 - 8{,}306{,}308}{4{,}923{,}243 + （23{,}426{,}010 - 9{,}992{,}136）} \times 100$$
$$= 116.8\%$$

※米国千ドル単位で計算

固定長期適合率は、100％以下であることが望ましいとされています。100％以下であれば、固定資産の取得について、短期的な支払手段に依存していないことになるからです。Tesla の固定長期適合率は116.8％で100％を超えていますので、長期資金を上回る固定資産投資が行われているということになります。

　Tesla の財政状態は、短期的支払能力も長期的安定性も望ましくない状態にあることがわかりました。資金がなくなれば、企業は倒産です。Tesla の資金はどういう状態になっているでしょうか。

　Consolidated statements of cash flows（連結キャッシュ・フロー計算書）を閲覧して、Tesla の資金の流れを読み解きましょう。

3-4
連結キャッシュ・フロー計算書を読み解く

◆ 連結キャッシュ・フロー計算書

Consolidated statements of cash flows（連結キャッシュ・フロー計算書）とは、一会計期間の企業の資金流入（キャッシュ・イン）と資金流出（キャッシュ・アウト）を捉え、企業の資金の流れを計算して表示する財務諸表です。Teslaの連結キャッシュ・フロー計算書を、図3-4-1に示します。

図3-4-1　Teslaの連結キャッシュ・フロー計算書

Tesla, Inc.
Consolidated Statements of Cash Flows
(in thousands)

	Year Ended December 31,		
	2018	2017	2016
Cash Flows from Operating Activities			
Net loss	$ (1,062,582)	$ (2,240,578)	$ (773,046)
Adjustments to reconcile net loss to net cash provided by (used in) operating activities:			
Depreciation, amortization and impairment	1,901,050	1,636,003	947,099
Stock-based compensation	749,024	466,760	334,225
Amortization of debt discounts and issuance costs	158,730	91,037	94,690
Inventory write-downs	85,272	131,665	65,520
Loss on disposals of fixed assets	161,361	105,770	34,633
Foreign currency transaction (gains) losses	(1,511)	52,309	(29,183)
Loss (gain) related to SolarCity acquisition	—	57,746	(88,727)
Non-cash interest and other operating activities	48,507	135,237	(15,179)
Changes in operating assets and liabilities, net of effect of business combinations:			
Accounts receivable	(496,732)	(24,635)	(216,565)
Inventory	(1,023,264)	(178,850)	(632,867)
Operating lease vehicles	(214,747)	(1,522,573)	(1,832,836)
Prepaid expenses and other current assets	(82,125)	(72,084)	56,806
Other assets and MyPower customer notes receivable	(207,409)	(15,453)	(49,353)
Accounts payable and accrued liabilities	1,722,850	388,206	750,640
Deferred revenue	406,661	468,902	382,962
Customer deposits	(96,685)	170,027	388,361
Resale value guarantee	(110,564)	208,718	326,934
Other long-term liabilities	159,966	81,139	132,057
Net cash provided by (used in) operating activities	2,097,802	(60,654)	(123,829)
Cash Flows from Investing Activities			
Purchases of property and equipment excluding capital leases, net of sales	(2,100,724)	(3,414,814)	(1,280,802)
Maturities of short-term marketable securities	—	—	16,667
Purchases of solar energy systems, leased and to be leased	(218,792)	(666,540)	(159,669)
Business combinations, net of cash acquired	(17,912)	(114,523)	342,719
Net cash used in investing activities	(2,337,428)	(4,195,877)	(1,081,085)
Cash Flows from Financing Activities			
Proceeds from issuances of common stock in public offerings	—	400,175	1,701,734
Proceeds from issuances of convertible and other debt	6,176,173	7,138,055	2,852,964
Repayments of convertible and other debt	(5,247,057)	(3,995,484)	(1,857,594)
Repayments of borrowings issued to related parties	(100,000)	(165,000)	
Collateralized lease (repayments) borrowings	(559,167)	511,321	769,709
Proceeds from exercises of stock options and other stock issuances	295,722	259,116	163,817
Principal payments on capital leases	(180,805)	(103,304)	(46,889)
Common stock and debt issuance costs	(14,973)	(63,111)	(20,042)
Purchases of convertible note hedges	—	(204,102)	
Proceeds from settlement of convertible note hedges	—	287,213	
Proceeds from issuances of warrants	—	52,883	
Payments for settlements of warrants	(11)	(230,385)	
Proceeds from investments by noncontrolling interests in subsidiaries	437,134	789,704	201,527
Distributions paid to noncontrolling interests in subsidiaries	(227,304)	(261,844)	(21,250)
Payments for buy-outs of noncontrolling interests in subsidiaries	(5,957)	(373)	
Net cash provided by financing activities	573,755	4,414,864	3,743,976
Effect of exchange rate changes on cash and cash equivalents and restricted cash	(22,700)	39,726	(6,553)
Net increase in cash and cash equivalents and restricted cash	311,429	198,059	2,532,509
Cash and cash equivalents and restricted cash, beginning of period	3,964,959	3,766,900	1,234,391
Cash and cash equivalents and restricted cash, end of period	$ 4,276,388	$ 3,964,959	$ 3,766,900
Supplemental Non-Cash Investing and Financing Activities			
Shares issued in connection with business combinations and assumed vested awards	$ —	$ 10,528	$ 2,145,977
Acquisitions of property and equipment included in liabilities	$ 249,141	$ 914,108	$ 663,771
Estimated fair value of facilities under build-to-suit leases	$ 94,445	$ 313,483	$ 307,879
Supplemental Disclosures			
Cash paid during the period for interest, net of amounts capitalized	$ 380,836	$ 182,571	$ 38,693
Cash paid during the period for taxes, net of refunds	$ 35,409	$ 65,695	$ 16,385

出所：Tesla 10-K

連結キャッシュ・フロー計算書は、企業活動をOperating activities（営業活動）、Investing activities（投資活動）、Financing activities（財務活動）の3つに区分して開示します。

　連結キャッシュ・フロー計算書の日本語訳を、図3-4-2に示します。

　TeslaのCash flows from operating activities（営業活動によるキャッシュ・フロー）は、2016年は123億円の支出、2017年は60億の支出でしたが、2018年は2,097億円の収入と大幅に改善されています（図3-4-2囲み①）。

　2018年度について、金額の大きなものを見ると、棚卸資産の増加により1,023億円キャッシュ・フローは減っていますが（図3-4-2囲み②）、買掛金と未払負債の増加によって、1,722億円キャッシュが増えています（図3-4-2囲み③）。債務の支払いを遅らせたことによって、キャッシュが増えた可能性もあるので、全てが順調だとは言えません。それでも、**営業活動によるキャッシュ・フローが収入となっているのは本業が比較的うまくいっていると考えることができます。**

　2018年は、当期純損失の1062億円（図3-4-2囲み④）に対して、減価償却費、株式報酬等の非現金支出費用が3,055億円でした（図3-4-2囲み⑤）。合わせると約2000億円弱となるので、営業活動によるキャッシュ・フローは、ほぼこの2つを原因として発生していると考えられます。**利益水準と非現金支出費用の影響額が翌期以降も変わらなければ、Teslaは営業活動によるキャッシュ・フローで同様の収入を今後も上げることができます。**

　Cash flows from investing activities（投資活動によるキャッシュ・フロー）は、2016年が1,081億円の支出、2017年が4,195億円の支出、2018年が2,337億円の支出とマイナスが続いています（図3-4-2囲み⑥）。内容を見ると、Purchase of property and equipment excluding capital lease,net of sales（固定資産の購入）が支出の大部分を占めています。**この支出は、Teslaが最新の電気自動車や蓄電池を開発していくため、不可欠なものと考えられます。**

3-4　連結キャッシュ・フロー計算書を読み解く

図3-4-2　Teslaの連結キャッシュ・フロー計算書の日本語訳（参考）

Tesla,INC.
連結キャッシュ・フロー計算書
（単位：千円※）

	12月31日に終了する事業年度		
	2018	2017	2016
営業活動によるキャッシュ・フロー			
④ 当期純損失	(106,258,200)	(224,057,800)	(77,304,600)
営業活動によるキャッシュと当期純損失との調整			
減価償却、償却費、減損損失	190,105,000	163,600,300	94,709,900
株式報酬	74,902,400	46,676,000	33,422,500
⑤ 社債割引料及び発行費の償却	15,873,000	9,103,700	9,469,000
棚卸資産評価減	8,527,200	13,166,500	6,552,000
固定資産除却損	16,136,100	10,577,000	3,463,300
為替差損益	(151,100)	5,230,900	(2,918,300)
SolarCityの買収に伴う（利益）損失		5,774,600	(8,872,700)
現金支出を伴わない利息と営業費用	4,850,700	13,523,700	(1,517,900)
企業結合の影響による営業資産と負債の増減			
売掛金	(49,673,200)	(2,463,500)	(21,656,500)
② 棚卸資産	(102,326,400)	(17,885,000)	(63,286,700)
オペレーティングリース車両	(21,474,700)	(152,257,300)	(183,283,600)
前払費用とその他流動資産	(8,212,500)	(7,208,400)	5,680,600
他の資産とMyPower customer受取手形	(20,740,900)	(1,545,300)	(4,935,300)
③ 買掛金と未払負債	172,285,000	38,820,600	75,064,000
繰延収益	40,666,100	46,890,200	38,296,200
顧客預り金	(9,668,500)	17,002,700	38,836,100
再販売価格保証	(11,056,400)	20,871,800	32,693,400
他の長期負債	15,996,600	8,113,900	13,205,700
① 営業活動によるキャッシュ・フロー	209,780,200	(6,065,400)	(12,382,900)
投資活動によるキャッシュ・フロー			
オペレーティング・リースを除いた固定資産の購入	(210,072,400)	(341,481,400)	(128,080,200)
短期の市場性ある有価証券の償還による収入			1,666,700
リースされる太陽エネルギーシステムの購入	(21,879,200)	(66,654,000)	(15,966,900)
企業結合による現金同等物の純増加	(1,791,200)	(11,452,300)	34,271,900
⑥ 投資活動によるキャッシュ・フロー	(233,742,800)	(419,587,700)	(108,108,500)
財務活動によるキャッシュ・フロー			
一般公募による 普通株式の発行に伴う収入		40,017,500	170,173,400
転換社債の発行とその他の借入による収入	617,617,300	713,805,500	285,296,400
転換社債とその他の借入金の返済による支出	(524,705,700)	(399,548,400)	(185,759,400)
関連当事者からの借入金の返済による支出	(10,000,000)	(16,500,000)	
担保リース（返済）借入	(55,916,700)	51,132,100	76,970,900
ストックオプションの実行と他の株式発行による収入	29,572,200	25,911,600	16,381,700
ファイナンシャル・リースの元金の支払い	(18,080,500)	(10,330,400)	(4,688,900)
普通株式及び社債発行費	(1,497,300)	(6,311,100)	(2,004,200)
転換社債の購入		(20,410,200)	
転換社債の償還による収入		28,721,300	
新株予約権の発行による収入		5,288,300	
新株予約権の実行に伴う支払い	(1,100)	(23,038,500)	
子会社に対する非支配持分による投資による収入	43,713,400	78,970,400	20,152,700
子会社の非支配持分に支払われた配当金	(22,730,400)	(26,184,400)	(2,125,000)
子会社に対する非支配持分の買収の支払い	(595,700)	(37,300)	
⑦ 財務活動によるキャッシュ・フロー	57,375,500	441,486,400	374,397,600
現金及び現金同等物に係わる換算差額	(2,270,000)	3,972,600	(655,300)
現金および現金同等物ならびに制限付現金の純増加	31,142,900	19,805,900	253,250,900
現金および現金同等物ならびに制限付預金の期首残高	396,495,900	376,690,000	123,439,100
現金および現金同等物ならびに制限付預金の期末残高	427,638,800	396,495,900	376,690,000

※1ドル100円で換算　　　　　　　　　　　　　出所：Tesla 10-Kをもとに筆者作成

Cash flows from financing activities（財務活動によるキャッシュ・フロー）は、2016年が3,743億円、2017年が4,414億円、2018年が573億円の収入になっています（図3-4-2囲み⑦）。2016年、2017年は営業活動と投資活動で資金を支出していたので、財務活動によって、営業活動と投資活動の不足する資金を補っていました。

　一方、**2018年は営業活動によるキャッシュ・フローが2,097億円の収入となったため、財務活動で資金を調達する必要が以前ほどなくなったと考えることができます。**

　3-1で連結損益計算書を概観し、Teslaの2018年のRevenues（総収益）が2017年の2倍近く増加していることを把握しました（図3-4-3）。TeslaのCash flows from operating activities（営業活動によるキャッシュ・フロー）が収入となったのは、営業収益が増加したためと考えられます。

　連結キャッシュ・フロー計算書の分析の結果、Teslaの営業活動によるキャッシュ・フローは改善され、多額の資金を生み出すようになったことがわかりました。

3-4　連結キャッシュ・フロー計算書を読み解く

図3-4-3　Teslaの損益計算書の日本語訳（再掲）

Tesla,INC.
連結損益計算書
（単位：千円※）

	12月31日に終了する事業年度		
	2018	2017	2016
収益			
自動車売上	1,763,152,200	853,475,200	558,900,700
自動車リース売上	88,346,100	110,654,800	76,175,900
自動車収益計	1,851,498,300	964,130,000	635,076,600
発電システムと充電器	155,524,400	111,626,600	18,139,400
サービスその他	139,104,100	100,118,500	46,797,200
総収益	2,146,126,800	1,175,875,100	700,013,200
売上原価			
自動車売上原価	1,368,557,200.	672,448,000	426,808,700
自動車リース売上原価	48,842,500	70,822,400	48,199,400
自動車収益売上原価	1,417,399,700	743,270,400	475,008,100
発電システムと充電器売上原価	136,489,600	87,453,800	17,833,200
サービスその他売上原価	188,035,400	122,902,200	47,246,200
総売上原価	1,741,924,700	953,626,400	540,087,500
売上総利益	404,202,100	222,248,700	159,925,700
営業費用			
研究開発費	146,037,000	137,807,300	83,440,800
販売費および一般管理費	283,449,100	247,650,000	143,218,900
構造改革その他	13,523,300		
営業費用合計	443,009,400	385,457,300	226,659,700
営業損失	(38,807,300)	(163,208,600)	(66,734,000)
受取利息	2,453,300	1,968,600	853,000
支払利息	(66,307,100)	(47,125,900)	(19,881,000)
その他損益	2,186,600	(12,537,300)	11,127,200
税引前当期利益	(100,474,500)	(220,903,200)	(74,634,800)
税金費用	5,783,700	3,154,600	2,669,800
当期純損失	(106,258,200)	(224,057,800)	(77,304,600)
持分法適用会社に対する持分相当額	(8,649,100)	(27,917,800)	(9,813,200)
当期純損失	(97,609,100)	(196,140,000)	(67,491,400)

※1ドル100円で換算

出所：Tesla 10-Kをもとに筆者作成

3-5
クロージング：Teslaの将来を予測する

◆ 英文決算書から理解できたこと

英文決算書を通じて、以下のことがわかりました。

● **Consolidated Statements of Operations（連結損益計算書）の分析から**

・Teslaの Revenues（総売上高）は2018年で2016年の3倍以上、2017年と比べても2倍近く伸びている。それにともない、Gross profit（売上総利益）も近い比率で伸びている。

・一方、Operating expenses（営業費用）が大きく、2016年から2018年はすべて Loss from operations（営業損失）となっている。

・結果として、2016年は674億円、2017年は1,961億円、2018年は976億円の赤字を計上している。

● **Consolidated Balance Sheets（連結貸借対照表）の分析から**

・Additional paid-in capital（資本準備金）1兆249億円と、Accumlated deficit（繰越欠損金）5,317億円から、株主から拠出された資本のほぼ半分はこれまでの赤字で消えている。

・Current ratio（流動比率）は83.1％であり、短期的な支払能力について財政状態は悪い。

・Equity ratio（自己資本比率）は16.6％であり、アメリカ主要500社の平均と比べると長期的支払能力は低い。

・fixed long term conformity rate（長期固定適合率）は116.8％で100％を超えているので、長期資金を上回る固定資産投資が行われていると考えられ、安定性に欠ける。

3-5 クロージング：Teslaの将来を予測する

● **Consolidated statements of cash flows（連結キャッシュ・フロー計算書）の分析から**
・営業収益の増加により、2018年はCash flows from operating activities（営業活動によるキャッシュ・フロー）が改善され、多額の資金を生み出すようになった。

◆Teslaの将来を予測する

Teslaの英文決算書からわかったことは、悪い材料が多いものの良い材料もあるということです。

将来を予測するため、将来の業績についてプラス要因とマイナス要因に分けてまとめてみましょう。

マイナス要因は次のようにまとめられます。

・3年連続赤字を続け、株主の拠出金も半分近くが消えている。
・資金的に長期安定性がなく、短期支払能力にも不安がある状態である。

対して、プラス要因は次のとおりです。

・営業収益の増加により、2018年はCash flows from operating activities（営業活動によるキャッシュ・フロー）が改善され、多額の資金を生み出すようになっている。

プラス要因とマイナス要因から、Teslaの将来はどのように予想できるで

第3章 Teslaはこれからも未来の商品を提供できるのか

93

しょうか？

　私は、現在の厳しい状況を資金的に乗り切れれば、Teslaの未来は有望だと考えています。

　理由の1つとして、2018年度で営業活動によるキャッシュ・フローがプラスに転じ2,097億円の収入となっていることがあげられます。2018年度末貸借対照表上の短期資金不足は1,685億円（流動負債-流動資産）ですので、**この状態が続けば、Teslaはすぐにでも短期的な支払能力を回復することができます。さらに数年続けば、Teslaの資金はどんどん増えますので、支払能力の不安が解消されます。**

　また図3-5-1に示すようにTeslaは18％以上の高い粗利益率を維持しています。営業費が増大しない限り、**この粗利益率を維持できれば、売上高が増えれば増えるほど利益は大きくなるはずです。**事業の性質から、研究開発費は減らすのが難しいとしても、「販売費および一般管理費」の逓増を防ぐことは十分に可能だと考えられます。

図3-5-1　Tesla粗利益率

	総収益	総売上原価	原価率	粗利益率
2016	7,000,132	5,400,875	77.2%	22.8%
2017	11,758,751	9,536,264	81.1%	18.9%
2018	21,461,268	17,419,247	81.2%	18.8%

出所：Tesla 10-Kをもとに筆者作成

　問題は「売上が本当に増えるのか」という点ですが、電気自動車の未来は明るいと言えそうです。

　その理由として、図3-5-2にハイブリッド自動車（HV）、プラグインハイブリッド自動車（PHV）、電気自動車（EV）の世界市場予測を示します。

図3-5-2　ハイブリッド自動車（HV）、プラグインハイブリッド自動車（PHV）、電気自動車（EV）の世界市場予測

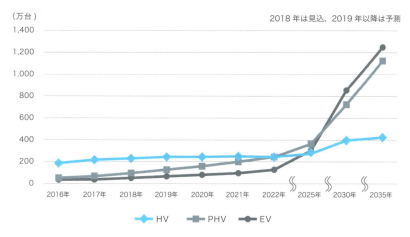

注：トラック・バス／超小型モビリティを除く
出所：富士経済調査結果

　この調査によると、**PHVとEVは2025年以降に伸びが加速し、2035年にはPHVが1243万台（2017年比31.1倍）、EVは1125万台（同14.8倍）と予測されています。**

　Teslaにとっては、EVの伸びが加速すると予想される2025年まで、技術的優位を維持したまま事業を継続できるかどうかが最大の課題となるでしょう。

3-6

Dropbox、Zscalerなど、その他の業績不振な企業の将来を予測する

◆ Dropboxの損益計算書

　Dropbox, Inc.（以下Dropbox）について、同じように分析してみましょう。Dropboxはオンラインストレージサービスを提供する会社です。2018年3月23日（米国時間）、米国Nasdaqに株式を上場しました。Dropboxの Consolidated Statements of Operations（連結損益計算書）を図3-6-1に示します。

図3-6-1　Dropboxの連結損益計算書

DROPBOX, INC.
CONSOLIDATED STATEMENTS OF OPERATIONS
(In millions, except per share data)

		Year ended December 31,				
		2018		**2017**		**2016**
Revenue	$	1,391.7	$	1,106.8	$	844.8
Cost of revenue[1]		394.7		368.9		390.6
Gross profit		997.0		737.9		454.2
Operating expenses[1][2]:						
Research and development		768.2		380.3		289.7
Sales and marketing		439.6		314.0		250.6
General and administrative[3]		283.2		157.3		107.4
Total operating expenses		1,491.0		851.6		647.7
Loss from operations		(494.0)		(113.7)		(193.5)
Interest income (expense), net		7.1		(11.0)		(16.4)
Other income, net		6.8		13.2		4.9
Loss before income taxes		(480.1)		(111.5)		(205.0)
Provision for income taxes		(4.8)		(0.2)		(5.2)
Net loss	$	(484.9)	$	(111.7)	$	(210.2)
Net loss per share attributable to common stockholders, basic and diluted	$	(1.35)	$	(0.57)	$	(1.11)
Weighted-average shares used in computing net loss per share attributable to common stockholders, basic and diluted		358.6		195.9		189.1

[1]　Includes stock-based compensation as follows (in millions):

		Year ended December 31,				
		2018		**2017**		**2016**
Cost of revenue	$	47.0	$	12.2	$	8.2
Research and development		368.2		93.1		72.7
Sales and marketing		94.3		33.7		44.6
General and administrative		140.6		25.6		22.1

[2]　During the year ended December 31, 2018, the Company recognized the cumulative unrecognized stock-based compensation of $418.7 million related to the two-tier restricted stock units upon the effectiveness of the Company's registration statement for its initial public offering. See Note 1, "Description of the Business and Summary of Significant Accounting Policies" for further details.

出所：Dropbox 10-K

Dropbox の Net Loss（当期純損失）を見ると、3期連続で赤字を計上していることがわかります（図3-6-1囲み）。

図3-6-2に、Dropbox の Consolidated Statements of Operations（連結損益計算書）の日本語訳を示します。

図3-6-2　Dropboxの連結損益計算書の日本語訳（参考）

Dropbox,INC.
連結損益計算書
（単位：百万円※）

12月31日に終了する事業年度

	2018	2017	2016
収益 ①	139,170	110,680	84,480
売上原価	39,470	36,890	39,060
売上総利益	99,700	73,790	45,420
営業費用			
研究開発費	76,820	38,030	28,970
販売費およびマーケティング	43,960	31,400	25,060
一般管理費	28,320	15,730	10,740
営業費用合計	149,100	85,160	64,770
営業損失	(49,400)	(11,370)	(19,350)
受取利息（支払利息）純額	710	(1,100)	(1,640)
その他損益	680	1,320	490
税引前当期損失	(48,010)	(11,150)	(20,500)
税金費用	(480)	(20)	(520)
当期純損失 ②	(48,490)	(11,170)	(21,020)

※1ドル100円で換算　　　　　　　　　　　　　　出所：Tesla 10-Kをもとに筆者作成

　これによると、Revenue（売上高）は2016年844.8百万ドル（約844億円）、2017年1,106.8百万ドル（約1,106億円）、2018年1,391.7百万ドル（約1,391億円）と伸びています（図3-6-2囲み①）

　一方、Net loss（当期純損失）は2016年210.2百万ドル（約210億円）、2017年111.7百万ドル（約111億円）、2018年484.9百万ドル（約484億円）と3期連続して赤字です（図3-6-2囲み②）。

上場したばかりのDropboxは存続できるのでしょうか？

◆ 事業内容の理解

　安全性の分析を行う前に、Dropboxの事業内容を理解しましょう。冒頭の「Item.1 Business」Overviewに、Dropboxの事業についての説明があります。

▼2018年Dropboxのアニュアルレポートより

Overview

Dropbox is a leading global collaboration platform that's transforming the way people work together, from the smallest business to the largest enterprise. With over 500 million registered users across more than 180 countries, our products are designed to establish a more enlightened way of working.

Dropbox was founded in 2007 with a simple idea: Life would be a lot better if everyone could access their most important information anytime from any device. Over the past decade, we've largely accomplished that mission—but along the way we recognized that for most of our users, sharing and collaborating on Dropbox was even more valuable than storing files.

Our market opportunity has grown as we've expanded from keeping files in sync to keeping teams in sync. Today, Dropbox is well positioned to reimagine the way work gets done. We're focused on reducing the inordinate amount of time and energy the world wastes on "work about work"—tedious tasks like searching for content, switching between applications, and managing workflows. We believe the need for our platform will continue to grow as teams become more fluid and global, and content is increasingly fragmented across incompatible tools and devices. Dropbox breaks down silos by centralizing the flow of information between the products and services our users prefer, even if they're not our own.The popularity of our platform drives viral growth, which has allowed us to scale rapidly and efficiently. We've built a thriving global business with 12.7 million paying users.

▼日本語訳

概要

Dropboxは、最も小さなビジネスから最も大きな企業まで、協働する方法を一変させる先導的な世界の協同プラットフォームです。180カ国以上の5億人を超える登録ユーザーと、仕事のもっと進んだやり方を確立するために、当社の製品は設計されています。

Dropboxは、「誰もがどんなデバイスから、いつでも一番大事な情報にアクセスできれば、世の中はもっと良くなるだろう」という単純な発想で2007年に設立されました。この10年以上、当社はこの使命を広範囲で達成してきました。そして、その過程で大部分のユーザにとってDropboxでファイルを共有し協働することは、ファイルを単に保存するよりもずっと価値があることに当社は気づきました。

当社がファイルを同期することからチームの作業結果を同期することを展開してきたことによって、当社の市場機会は成長しています。今日、Dropboxは業務を行う方法を再構築する際、良い位置を占めています。「仕事のための仕事」-書類を探したり、アプリケーションを乗り換えたり、ワークフローを管理したりするような退屈な業務で、世界中で無駄にしている膨大な時間とエネルギーを減らすことに、当社は注力しています。協業が流動的で世界的になり、制作物が互換性のないツールやデバイスでますます細分化されれば、当社プラットフォームの必要性は成長し続けると考えています。ユーザーが選択する製品とサービス(それが当社のものでなくとも)の情報のフローを一か所に集めることによって、Dropboxは部門間の壁を壊します。当社のプラットフォームの魅力はウイルスの成長を追い払います。当社は迅速かつ有効に調整することができます。当社は1,270万人の有料ユーザー

と繁栄する世界的なビジネスを構築します。

　英文決算書からは、Dropboxはオンラインストレージサービスに特化した会社で、今後も事業を行っていくことを力強く宣言していると読めます。念のため、「Item 8. Financial Statements and Supplementary Data」に記載されているセグメント情報にも目を通します。

▼2018年Dropboxのアニュアルレポートより

Note1

（一部略）

Financial information about segments and geographic areas

The Company manages its operations and allocates resources as a single operating segment. Further, the Company manages, monitors, and reports its financials as a single reporting segment.

▼日本語訳

注記1

（一部略）

セグメントと地理的区域

当社は事業と資源の配置を1つの営業セグメントとして管理しています。さらに当社は1つの報告セグメントとして、財務を管理、統制、報告しています。

Dropboxはオンラインストレージサービスのみを提供している会社と理解できました。

100

◆ 短期的支払い能力を評価する

　Dropbox は 3 期連続赤字でした。では、Consolidated Balance Sheets（連結貸借対照表）はどうなっているでしょうか。

図3-6-3　Dropboxの連結貸借対照表

DROPBOX, INC.
CONSOLIDATED BALANCE SHEETS
(In millions, except for par value)

	As of December 31,	
	2018	**2017**
Assets		
Current assets:		
Cash and cash equivalents	$　　519.3	$　　430.0
Short-term investments	570.0	—
Trade and other receivables, net	28.6	29.3
Prepaid expenses and other current assets	92.3	58.8
Total current assets	1,210.2	518.1
Property and equipment, net	310.6	341.9
Intangible assets, net	14.7	17.0
Goodwill	96.5	98.9
Other assets	62.1	44.0
Total assets	$　1,694.1	$　1,019.9
Liabilities and stockholders' equity		
Current liabilities:		
Accounts payable	$　　33.3	$　　31.9
Accrued and other current liabilities	164.5	129.8
Accrued compensation and benefits	80.9	56.1
Capital lease obligation[1]	73.8	102.7
Deferred revenue	485.0	417.9
Total current liabilities	837.5	738.4
Capital lease obligation, non-current[1]	89.9	71.6
Deferred rent, non-current	81.0	69.8
Other non-current liabilities	8.9	37.2
Total liabilities	1,017.3	917.0
Commitments and contingencies (Note 10)		
Stockholders' equity:		
Convertible preferred stock, $0.00001 par value; no shares authorized, issued and outstanding as of December 31, 2018; 151.2 shares authorized, 147.6 shares issued and outstanding with liquidation preference of $624.7 as of December 31, 2017	—	615.3
Preferred stock, $0.00001 par value; 240.0 shares authorized and no shares issued and outstanding as of December 31, 2018; no shares authorized, issued and outstanding as of December 31, 2017	—	—
Common stock, $0.00001 par value; Class A common stock - 2,400.0 shares authorized and 211.0 shares issued and outstanding as of December 31, 2018; 533.3 shares authorized and 8.9 shares issued and outstanding as of December 31, 2017; Class B common stock - 475.0 shares authorized and 198.6 shares issued and outstanding as of December 31, 2018; 466.7 shares authorized and 187.9 issued and outstanding as of December 31, 2017; Class C common stock - 800.0 shares authorized and no shares issued and outstanding as of December 31, 2018; no shares authorized, issued and outstanding as of December 31, 2017	—	—
Additional paid-in capital	2,337.5	533.1
Accumulated deficit	(1,659.5)	(1,049.7)
Accumulated other comprehensive income (loss)	(1.2)	4.2
Total stockholders' equity	676.8	102.9
Total liabilities and stockholders' equity	$　1,694.1	$　1,019.9

出所：Dropbox 10-K

Consolidated Balance Sheets（連結貸借対照表）から、Accumlated defcit（過去の損失額累計）は1,659.5百万ドル（1,659億円）になっていることがわかります（図3-6-3囲み）。

Dropboxの短期的支払能力を評価するために、2018年度期末におけるCurrent ratio（流動比率）、Quick assets ratio（当座比率）を計算してみましょう。

Current ratio（流動比率）は、次の数式で計算します。

$$
\text{流動比率（\%）} = \frac{\text{流動資産}}{\text{流動負債}} \times 100
$$

数式をDropboxに当てはめると、次の計算になります。

$$
\text{流動比率（\%）} = \frac{1,210.2}{837.5} \times 100 = 144.5\%
$$

※米国百万ドル単位で計算

Dropboxの流動比率は100%を超えていますが、安全と言われるる200%には達していません。

続いて、当座比率を計算します。Quick assets ratio（当座比率）は、次の数式で計算します。

$$
\text{当座比率（\%）} = \frac{\text{当座資産}}{\text{流動負債}} \times 100
$$

Dropboxの有する流動資産では、「Cash and cash equivalents（現金及び現金同等物）」519.3百万ドル、「Short-term investments（短期投資）」570.0百万ドル、「Trade and other receivables,net（売上債権とその他債権純額）」28.6

百万ドルが当座資産に該当すると考えられます。

$$当座比率（％）＝\frac{519.3+570.0+28.6}{837.5}×100＝133.5\%$$

1年以内に支払期限が到来する流動負債に対して、133.5%の当座資産が手元にありますので、支払能力にはまだ余裕があることがわかりました。

◆ 長期的支払能力を評価する

短期的支払能力にはまだ余裕のあることがわかりましたが、長期的な安全性はまた別の問題です。

Dropboxの長期的な安全性を評価するため、Equity ratio（自己資本比率）、fixed long term conformity rate（長期固定適合率）を計算してみましょう。

Equity ratio（自己資本比率）は、次の数式で計算します。

$$自己資本比率（％）＝\frac{自己資本}{総資産}×100$$

数式をDropboxに当てはめると、次の計算になります。

$$自己資本比率（％）＝\frac{676.8}{1,694.1}×100＝40.0\%$$

※米国百万ドル単位で計算

米国主要500社の平均が32%と言われていますので、Dropboxの自己資本比率は高い方に属します。

続いて、fixed long term conformity rate（長期固定適合率）を計算します。

$$固定長期適合率（％）＝\frac{固定資産}{自己資本＋固定負債}×100$$

Dropbox の Consolidated Balance Sheets（連結貸借対照表）には、固定資産、固定負債の合計が記載されていません。Tesla で行った計算と同じように、Total assets（資産計）から Total current assets（流動資産）を差し引き、Total libilities（負債計）から Total current libilities（流動負債）を差し引いて、それぞれ計算します。

$$固定長期適合率（％）＝\frac{1,694.1－1,210.2}{676.8＋（1,017.3－837.5）}×100＝56.5\%$$

※米国百万ドル単位で計算

Dropbox の固定長期適合率は 56.5％と、100％を大きく下回っていますので、安全な水準にあると判断できます。
Dropbox は多額の固定資産を有する業種ではなく、所有する固定資産の金額が小さいため（2018 年度末で 483.9 百万ドル）だと考えられます。

◆キャッシュ・フロー計算書を読み解く

Dropbox の長期的支払能力には問題はなく、短期的支払能力も 2018 年度末時点では、少し余裕のあることがわかりました。最後に、Consolidated statements of cash flows（連結キャッシュ・フロー計算書）を閲覧して、資金の流れを読み解きましょう。

図3-6-4　Dropboxの連結キャッシュ・フロー計算書

DROPBOX, INC.
CONSOLIDATED STATEMENTS OF CASH FLOWS
(In millions)

	Year ended December 31,		
	2018	2017	2016
Cash flow from operating activities			
Net loss	$ (484.9)	$ (111.7)	$ (210.2)
Adjustments to reconcile net loss to net cash provided by operating activities:			
Depreciation and amortization	166.8	181.8	191.6
Stock-based compensation	650.1	164.6	147.6
Amortization of deferred commissions	12.1	6.6	3.7
Donation of common stock to charitable foundation	—	9.4	—
Other	(1.9)	(1.7)	1.1
Changes in operating assets and liabilities:			
Trade and other receivables, net	0.1	(14.4)	1.0
Prepaid expenses and other current assets	(47.9)	(18.2)	—
Other assets	(11.2)	(10.6)	(7.8)
Accounts payable	(1.7)	16.2	5.5
Accrued and other current liabilities	40.3	34.0	(12.4)
Accrued compensation and benefits	25.0	14.4	35.6
Deferred revenue	66.4	64.3	87.6
Non-current liabilities	12.2	(4.4)	9.3
Net cash provided by operating activities	425.4	330.3	252.6
Cash flow from investing activities			
Capital expenditures	(63.0)	(25.3)	(115.2)
Purchase of intangible assets	(3.0)	(0.8)	(8.5)
Purchases of short-term investments	(850.4)	—	—
Proceeds from maturities of short-term investments	212.4	—	—
Proceeds from sales of short-term investments	71.2	—	—
Other	(1.0)	2.2	5.7
Net cash used in investing activities	(633.8)	(23.9)	(118.0)
Cash flow from financing activities			
Proceeds from initial public offering and private placement, net of underwriters' discounts and commissions	746.6	—	—
Payments of deferred offering costs	(4.5)	(2.5)	—
Shares repurchased for tax withholdings on release of restricted stock	(351.9)	(87.9)	—
Proceeds from issuance of common stock, net of repurchases	26.2	0.5	—
Principal payments on capital lease obligations[1]	(109.1)	(133.0)	(137.9)
Principal payments against note payable	(3.5)	(3.9)	(3.8)
Proceeds from sale-leaseback agreement	—	—	8.8
Fees paid for revolving credit facility	(0.4)	(2.6)	—
Other	(2.6)	(2.3)	(1.6)
Net cash provided by (used in) financing activities	300.8	(231.7)	(134.5)
Effect of exchange rate changes on cash and cash equivalents	(3.1)	2.6	(4.3)
Change in cash and cash equivalents	89.3	77.3	(4.2)
Cash and cash equivalents—beginning of period	430.0	352.7	356.9
Cash and cash equivalents—end of period	$ 519.3	$ 430.0	$ 352.7

出所：Dropbox 10-K

図3-6-5 Dropboxの連結キャッシュ・フロー計算書の日本語訳（参考）

Dropbox,INC.
連結キャッシュ・フロー計算書
（単位：百万円※）

	12月31日に終了する事業年度		
	2018	2017	2016
営業活動によるキャッシュ・フロー			
当期純損失	(48,490)	(11,170)	(21,020)
営業活動によるキャッシュと当期純損失との調整			
減価償却、償却費	16,680	18,180	19,160
株式報酬	65,010	16,460	14,760
満期となった繰延手数料	1,210	660	370
慈善事業団体への普通株式の寄付		940	
その他	(190)	(170)	110
営業資産と負債の増減			
売上債権とその他債権	10	(1,440)	100
前払費用とその他の流動資産	(4,790)	(1,820)	
他の資産	(1,120)	(1,060)	(780)
買掛金	(170)	1,620	550
未払その他の流動負債	4,030	3,400	(1,240)
未払給与	2,500	1,440	3,560
繰延収益	6,640	6,430	8,760
非流動負債	1,220	(440)	930
① 営業活動によるキャッシュ・フロー	42,540	33,030	25,260
投資活動によるキャッシュ・フロー			
資本的支出	(6,300)	(2,530)	(11,520)
無形固定資産の購入	(300)	(80)	(850)
② 短期投資の購入	(85,040)		
短期投資の満期による収入	21,240		
短期投資の売却による収入	7,120		
その他	(100)	220	570
投資活動によるキャッシュ・フロー	(63,380)	(2,390)	(11,800)
財務活動によるキャッシュ・フロー			
新規株式公開と私募による収入			
③ 引受人の割引、報酬との純額	74,660		
繰延公開費用の支払	(450)	(250)	
制限株式の解除に係る源泉徴収のための株式買戻し	(35,190)	(8,790)	
普通株式の発行による収入、買入との純額	2,620	50	
キャピタルリース債務の元本の支払い	(10,910)	(13,300)	(13,790)
支払手形の元本の支払い	(350)	(390)	(380)
セールスリースバック契約による収入			880
信用供与契約の更新料	(40)	(260)	
その他	(260)	(230)	(160)
財務活動によるキャッシュ・フロー	30,080	(23,170)	(13,450)
現金及び現金同等物に係わる換算差額	(310)	260	(430)
現金および現金同等物の純増加	8,930	7,730	(420)
現金および現金同等物の期首残高	43,000	35,270	35,690
現金および現金同等物の期末残高	51,930	43,000	35,270

※1ドル100円で換算

出所：Dropbox 10-Kをもとに筆者作成

DropboxのCash flows from operating activities（営業活動によるキャッシュ・フロー）は、2016年は252億円、2017年は330億、2018年は425億円の収入です（図3-6-5囲み①）。3年間収入が続いています。

本業でキャッシュ・フローを増加させているので、赤字とはいえ、外部からの資金調達に頼ることなく、本業で稼いだキャッシュで新規に投資を行ったり、借入金を返済する能力があると判断することができます。

Cash flows from investing activities（投資活動によるキャッシュ・フロー）は3年連続してマイナスですが、2018年度にはPurchases of short-term investment（短期投資の購入）に850億円を支出しています（図3-6-5囲み②）。これはキャッシュ・フローに余裕があるからこそ、できたことだと考えられます。

財務活動によるキャッシュ・フローは、2016年度、2017年度はマイナスでしたが、2018年度にProceeds from initial public offering and private placement（新規株式公開と私募）を行い、746億円の調達を行っています（図3-6-5囲み③）。

この結果、資金面で短期の不安要素はかなり解消されています。**当期純利益の赤字は続いていますが、今後Operating expenses（営業費用）の削減を行い黒字化できれば、Dropboxの将来はかなり有望だと考えることができるでしょう。**

◆ Zscalerの安全性を読み解く

Zscaler, Inc.（以下Zscaler）は、クラウドセキュリティサービスを提供する会社です。2018年3月16日（米国時間）、米国Nasdaqに株式を上場しました。

図3-6-6　Zscalerの連結損益計算書

ZSCALER, INC.
Consolidated Statements of Operations
(in thousands, except per share data)

		Year Ended July 31,				
		2018		2017		2016
Revenue	①	$ 190,174	$	125,717	$	80,325
Cost of revenue		37,875		27,472		20,127
Gross profit		152,299		98,245		60,198
Operating expenses:						
Sales and marketing		116,409		79,236		56,702
Research and development		39,379		33,561		20,940
General and administrative		31,135		20,521		9,399
Total operating expenses		186,923		133,318		87,041
Loss from operations		(34,624)		(35,073)		(26,843)
Interest income, net		2,236		597		289
Other income (expense), net		79		(107)		(416)
Loss before income taxes		(32,309)		(34,583)		(26,970)
Provision for income taxes		1,337		877		468
Net loss	②	$ (33,646)	$	(35,460)	$	(27,438)
Accretion of Series C and D redeemable convertible preferred stock		(6,332)		(9,570)		(8,648)
Net loss attributable to common stockholders		$ (39,978)	$	(45,030)	$	(36,086)
Net loss per share attributable to common stockholders, basic and diluted		$ (0.63)	$	(1.54)	$	(1.36)
Weighted-average shares used in computing net loss per share attributable to common stockholders, basic and diluted		63,881		29,221		26,521

The accompanying notes are an integral part of these consolidated financial statements.

出所：Zscaler 10-K

　Zscalerの英文決算書を見ると、Revenue（売上高）は2016年80,325千ドル（約80億円）、2017年125,717千ドル（約125億円）、2018年190,174千ドル（約190億円）でしたが（図3-6-6囲み①）、Net loss（当期損失）は2016年27,438千ドル（約27億円）、2017年35,460千ドル（約35億円）、2018年33,646千ドル（約33億円）の赤字です（図3-6-6囲み②）。また、Accumlated defcit（過去の損失額累計）は196,100千ドル（196億円）になります（図3-6-7囲み）。

※以上、いずれも1ドル100円で計算

　Tesla、Dropboxと同じように、Consolidated Balance Sheets（連結貸借対照表）を用いて、Current ratio（流動比率）、Quick assets ratio（当座比率）、Equity ratio（自己資本比率）、fixed long term conformity rate（長期固定適合率）等の計算を行い、Zscalerの安全性を検討してみてください。

3-6 Dropbox、Zscalerなど、その他の業績不振な企業の将来を予測する

図3-6-7 Zscalerの連結貸借対照表

ZSCALER, INC.
Consolidated Balance Sheets
(in thousands, except per share data)

	July 31, 2018	July 31, 2017
Assets		
Current assets:		
Cash and cash equivalents	$ 135,579	$ 87,978
Short-term investments	162,960	—
Accounts receivable, net	61,611	39,052
Deferred contract acquisition costs	16,136	10,469
Prepaid expenses and other current assets	10,878	5,410
Total current assets	387,164	142,909
Property and equipment, net	19,765	13,139
Deferred contract acquisition costs, noncurrent	39,774	24,193
Other noncurrent assets	1,078	2,661
Total assets	$ 447,781	$ 182,902
Liabilities, Redeemable Convertible Preferred Stock and Stockholders' Equity (Deficit)		
Current liabilities:		
Accounts payable	$ 4,895	$ 3,763
Accrued expenses and other current liabilities	12,313	11,648
Accrued compensation	23,393	11,608
Liability for early exercised stock options	1,561	7,972
Deferred revenue	140,670	85,468
Total current liabilities	182,832	120,459
Deferred revenue, noncurrent	23,353	11,151
Other noncurrent liabilities	1,360	1,457
Total liabilities	207,545	133,067
Commitments and contingencies (Note 5)		
Redeemable Convertible Preferred Stock		
Redeemable convertible preferred stock; $0.001 par value; no shares and 73,100 shares authorized as of July 31, 2018 and 2017, respectively; no shares and 72,501 shares issued and outstanding as of July 31, 2018 and 2017, respectively; aggregate liquidation preference of $0 and $201,376 as of July 31, 2018 and 2017, respectively	—	200,977
Stockholders' Equity (Deficit)		
Preferred stock; $0.001 par value; 200,000 and 73,100 shares authorized as of July 31, 2018 and 2017, respectively; no shares issued and outstanding as of July 31, 2018 and 2017	—	—
Common stock; $0.001 par value; 1,000,000 and 130,000 shares authorized as of July 31, 2018 and 2017, respectively; 119,764 and 32,359 shares issued and outstanding as of July 31, 2018 and 2017, respectively	119	18
Additional paid-in capital	438,392	18,734
Notes receivable from stockholders	(2,051)	(7,878)
Accumulated other comprehensive loss	(124)	
Accumulated deficit	(196,100)	(162,016)
Total stockholders' equity (deficit)	240,236	(151,142)
Total liabilities, redeemable convertible preferred stock and stockholders' equity (deficit)	$ 447,781	$ 182,902

The accompanying notes are an integral part of these consolidated financial statements.

出所：Zscaler 10-K

◎英文決算書を読む際に知っておくべき会計用語について（その2）

　この章では、貸借対照表を中心に英文決算書を読み解きました。その締めとして、貸借対照表を読むための会計用語を確認しましょう。ここでは貸借対照表の資産の部を読むために必要な会計用語について説明します。

Consolidated Balance sheets

連結貸借対照表。Consolidatedは連結を表します。貸借対照表には「Statement of financial position」「Statement of financial condition」などの言い方もあります。

Assets

資産の部。Assetsは資産を表します。

Cash and cash equivalents

現金及び現金同等物。Cashが現金、cash equivalentsが現金同等物を表します。

Marketable securities

（売買目的）有価証券。「marketable」は市場性があるという意味です。「securities」は証券を表します。

Accounts recievable

売掛金。「recievable」はお金を受け取ることができるという意味です。「Notes recievable」は受取手形を表します。

Inventory

棚卸資産。「Merchandise product」商品、「Finished product」製品、「Work-in-process」仕掛品、「Partially finished product」半製品、「Supplies」貯蔵品の総称です。区分して開示される場合もあります。

Prepaid expenses

前払費用。「Prepaid」は事前に払われたという意味です。「expenses」が費用ですので、合わせて前払費用になります。

Other current assets

その他流動資産。「current assets」が流動資産を表します。未収収益等、金額の小さなものの合計が、その他流動資産になります。

Fixed assets

固定資産。「current assets」流動資産に対して、「fixed assets」が固定資産になります。

Property,plant and equipment

有形固定資産。「Building」建物、「Land」土地、「Machinery」機械装置、「Construction in progress」建設仮勘定の総称です。区分して開示される場合もあります。

Less accumlated depreciation

減価償却累計額。「depreciation」が減価償却です。「accumlated」累計されたという意味で、減価償却累計額になります。

Intangible fixed assets

無形固定資産。「intangible」は、触れることができないという意味です。触れることのできない固定資産が無形固定資産です。

Goodwill

のれん。合併、買収等で、受け入れた純資産の時価と支払った金額との差額がのれんです。

Trademark

商標権。「Trademark」が日本語の商標権に当たります。

Investiments

投資等。「investiments」で投資その他の資産を表します。

Investiment in nonconsolidated affiliates

関係会社株式。「nonconsolidated affiliates」が連結していない関係会社を表します。

Deferred income tax asset

繰延税金資産。「deferred」は、繰り延べられたという意味です。「income tax」が法人税を表します

第4章

Amazonの今後の成長を期待させる要素は何か

企業が将来を
かけている事業を
見極めるための
ヒントが、決算書には
散りばめられている

2018年9月、Appleに次いで、Amazon.com, Inc.（以降の表記は「Amazon」とする）の時価総額も1兆ドル（100兆円：1ドル100円で換算）を突破しました。第2章で分析したAppleは将来の不安がささやかれていますが、Amazonはこれからさらに成長することを期待する意見を多く聞きます。

Amazonといえば、一般の消費者が最初に連想するのはオンラインショップだと思いますが、今後の成長要素もそこに集約されるのでしょうか？

この章では、Amazonの英文決算書を題材にして、今後さらなる成長を期待させてくれる要素の見極め方を考えてみます。

4-1
まずは業績の確認から

◇ 業績はどうなっているのか

　1995年7月に、Amazonは初めてネットショップを開設しました。当初はオンライン書店としてスタートしたAmazonですが、その後は音楽、ビデオソフトの販売、電気製品の販売と取扱商品を拡大していきました。そして2019年6月現在、時価総額世界第2位になるまでの企業に成長しています。

　ビジネスにおいて、ライバル企業の動向に注目するのはよくあることです。そして、**英文決算書は企業の将来価値を正しく伝え、ひいては長期的な企業価値の向上に役立てる書類ですので、ライバル企業が今後注力する分野を読み解くには最適なのです。**

　本章では、Amazonの英文決算書をベースに、企業が注力していくであろう事業を判断するためのポイントを学んでいただきます。

　まずは連結損益計算書に目を通して、業績を確かめましょう。Amazonの連結損益計算書は、英文決算書の「Item 8. Financial Statements and Supplementary Data」に「CONSOLIDATED STATEMENTS OF OPERATIONS」の表題で記載されています（図4-1-1）。

　2018年度のAmazonのTotal net sales（売上）は2,328億ドル（図4-1-1囲み部分、1ドル百円換算で23兆2,800億円）です。Appleには及びませんが、ほぼ近い売上を上げていることがわかります。

　図4-1-2に、AmazonのConsolidated statesments of operations（連結損益計算書）の日本語訳を示します。

第4章　Amazonの今後の成長を期待させる要素は何か

115

図4-1-1　Amazonの連結損益計算書

AMAZON.COM, INC.

CONSOLIDATED STATEMENTS OF OPERATIONS

(in millions, except per share data)

	2016	2017	2018
		Year Ended December 31,	
Net product sales	$ 94,665	$ 118,573	$ 141,915
Net service sales	41,322	59,293	90,972
Total net sales	135,987	177,866	232,887
Operating expenses:			
Cost of sales	88,265	111,934	139,156
Fulfillment	17,619	25,249	34,027
Marketing	7,233	10,069	13,814
Technology and content	16,085	22,620	28,837
General and administrative	2,432	3,674	4,336
Other operating expense, net	167	214	296
Total operating expenses	131,801	173,760	220,466
Operating income	4,186	4,106	12,421
Interest income	100	202	440
Interest expense	(484)	(848)	(1,417)
Other income (expense), net	90	346	(183)
Total non-operating income (expense)	(294)	(300)	(1,160)
Income before income taxes	3,892	3,806	11,261
Provision for income taxes	(1,425)	(769)	(1,197)
Equity-method investment activity, net of tax	(96)	(4)	9
Net income	$ 2,371	$ 3,033	$ 10,073
Basic earnings per share	$ 5.01	$ 6.32	$ 20.68
Diluted earnings per share	$ 4.90	$ 6.15	$ 20.14
Weighted-average shares used in computation of earnings per share:			
Basic	474	480	487
Diluted	484	493	500

出所：Amazon 10-K

AmazonはAppleと異なり、Total net sales（総売上）をNet product sales（商品売上高）とNet service sales（サービス売上高）に区分しています（図4-1-2囲み①）。また、日本の決算書では見ない独特の費用項目を使用しています。

　fulfillment（フルフィルメント）とは、通信販売で行う業務のうち商品の受注、配送、代金回収、アフターサービス（クレームの処理を含む）といった一連の業務全体を表したものです（図4-1-2囲み②）。

　会社の成長を見るため、Amazonの成長率を計算してみましょう。基準年度は2016年度とします。

4-1　まずは業績の確認から

図4-1-2　Amazonの連結損益計算書の日本語訳（参考）

Amazon.com,INC.
連結損益計算書
（単位：百万円※）

12月31日に終了する事業年度

	2016	2017	2018
① 商品売上高	9,466,500	11,857,300	14,191,500
サービス売上高	4,132,200	5,929,300	9,097,200
総売上高	13,598,700	17,786,600	23,288,700
営業費用			
売上原価	8,826,500	11,193,400	13,915,600
② フルフィルメント	1,761,900	2,524,900	3,402,700
マーケティング	723,300	1,006,900	1,381,400
技術及びコンテンツ	1,608,500	2,262,000	2,883,700
一般管理費	243,200	367,400	433,600
その他営業費用	16,700	21,400	29,600
営業費用合計	13,180,100	17,376,000	22,046,600
営業利益	418,600	410,600	1,242,100
受取利息	10,000	20,200	44,000
支払利息	(48,400)	(84,800)	(141,700)
その他損益	9,000	34,600	(18,300)
営業外損益計	(29,400)	(30,000)	(116,000)
税引前当期利益	389,200	380,600	1,126,100
税金費用	(142,500)	(76,900)	(119,700)
持分法適用会社に対する持分相当額	(9,600)	(400)	900
当期純利益	237,100	303,300	1,007,300

※1ドル100円で換算

出所：Amazon 10-Kをもとに筆者作成

図4-1-3　Amazonの成長率計算

	2016	2017	2018
Net product sales（商品売上高）	100.0%	125.3%	149.9%
Net service sales（サービス売上高）	100.0%	143.5%	220.2%
Total net sales（総売上高）	100.0%	130.8%	① 171.3%
営業費用			
Cost of sales（売上原価）	100.0%	126.8%	157.7%
Fulfillment（フルフィルメント）	100.0%	143.3%	193.1%
Marketing（マーケティング）	100.0%	139.2%	191.0%
Technology and content（技術及びコンテンツ）	100.0%	140.6%	179.3%
General and administrative（一般管理費）	100.0%	151.1%	178.3%
Other operating expense,net（その他営業費用）	100.0%	128.1%	177.2%
Total operating expenses（営業費用合計）	100.0%	131.8%	167.3%
Operating income（営業利益）	100.0%	98.1%	② 296.7%
Interest income（受取利息）	100.0%	202.0%	440.0%
Interest expense（支払利息）	100.0%	175.2%	292.8%
Other income（expense）, net（その他損益）	100.0%	384.4%	-203.3%
Total non-operating income（expense）（営業外損益計）	100.0%	102.0%	394.6%
Income before income taxes（税引前当期利益）	100.0%	97.8%	289.3%
Provision for income taxes（税金費用） Equity-method investment activity,net of tax	100.0%	54.0%	84.0%
（持分法適用会社に対する持分相当額）	100.0%	4.2%	-9.4%
Net income（当期純利益）	100.0%	127.9%	424.8%

出所：Amazon 10-Kをもとに筆者作成

　ここではTotal net sales（総売上）とOpereating income（営業利益）に注目しましょう。**売上高は71.3％成長しています（図4-1-3囲み①）。さらに営業利益は196.7％成長し、2016年に比べ、3倍近い数字になっています（図4-1-3囲み②）。**何度かのM&Aがあるとはいえ、Amazonのように巨大な企業でこれほどの成長をしている例はほとんどありません。

4-1　まずは業績の確認から

◆ 連結損益計算書の分析

　Amazonは商品とサービスの売上があるので、単純にGross margin rate（粗利益率）の計算で収益性を測ることはできません。ここでは本業全体の収益力を確かめます。各事業年度のOperating margin rate（営業利益率）を計算しましょう。2018年度のOperating margin rate（営業利益率）は、次の数式で計算できます。

$$
営業利益率 = \frac{営業利益}{売上高} = \frac{Operating\ income}{Total\ net\ s\ ales} = \frac{12{,}421}{232{,}887} = 5.3\%
$$

　Amazonの収益性は、一般の小売業と比べてどうでしょうか。単純比較は難しい点もありますが、参考に米国の大手小売業企業であるWal-Mart Stores、Costco Wholesale、Krogerとの比較を図4-1-4に示します。

図4-1-4　大手小売業との営業利益率比較

（単位：100万ドル）

○Amazon

	2016	2017	2018	平均
売上高	135,987	177,866	232,887	182,247
営業利益	4,186	4,106	12,421	6,904
営業利益率	3.1%	2.3%	5.3%	3.6%

○Wal-Mart Stores

	2016	2017	2018	平均
売上高	482,130	485,873	500,343	489,449
営業利益	24,105	22,764	20,437	22,435
営業利益率	5.0%	4.7%	4.1%	4.6%

○Costco Wholesale

	2016	2017	2018	平均
売上高	118,719	129,025	141,576	129,773
営業利益	3,672	4,111	4,480	4,088
営業利益率	3.1%	3.2%	3.2%	3.1%

○Kroger

	2016	2017	2018	平均
売上高	115,337	122,662	121,162	119,720
営業利益	3,452	2,612	2,614	2,893
営業利益率	3.0%	2.1%	2.2%	2.4%

出所：各社10-Kをもとに筆者作成

119

Amazonの３年間のOperating margin（営業利益率）の平均を米国の代表的な小売業者と比較すると、Costco WholesaleやKrogerよりも高いものの、業界最大手のWall-Mart Storesには及びません。この点は、やはり規模の経済が働いていて、売上高が大きいほど営業利益率も高くなる傾向が見えます。

4-2

会社の主要事業を理解する

◆ Amazonの主要事業を読み解く

　英文決算書を読むことで、Amazonの営業利益率は小売業の中で見ると平均的ですが、売上高、利益がともに大きく成長していることがわかりました。

　では、Amazonの事業構成はどうなっているでしょうか？

　現在のAmazonは書籍、CD、DVDにとどまらず、電気製品、健康食品等、ありとあらゆる商品をオンラインで販売しています。また、会員だけに限定した配信サービスも実施してるようです。

　そこで、**英文決算書からAmazonの事業内容をきちんと把握しておきましょう。**

　Amazonの英文決算書の「Item.1 Business」は、会社の顧客を中心とした記述になっています。そのため、事業内容についてはわかりづらいかもしれません。事業内容についての説明が、「Item 8. Financial Statements and Supplementary Data」の注記「Note 1 – DESCRIPTION OF BUSINESS AND ACCOUNTING POLICIES」の「Revenue」にあります。

▼2018年Amazonのアニュアルレポートより抜粋

①Retail sales - We offer consumer products through our online and physical stores.

②Third-party seller services - We offer programs that enable sellers to sell their products in our stores, and fulfill orders through us.

③Subscription services - Our subscription sales include fees associated

第4章　Amazonの今後の成長を期待させる要素は何か

with Amazon Prime memberships and access to content including audio-books, digital video, e-books, digital music, and other non-AWS subscription services.

④AWS - Our AWS arrangements include global sales of compute, storage, database, and other services.

⑤Other - Other revenue primarily includes sales of advertising services.

▼日本語訳

①小売－オンライン店舗、実店舗を通して一般製品を販売しています。

②外部の販売業者向けサービス－外部の販売業者がAmazonストアーで商品を販売し、注文を履行できるようにします。

③サブスクリプション・サービス－サブスクリプション売上には、Amazonプライム会員課金、オーディオブック、デジタルビデオ、e-book、デジタル音楽、その他AWS以外のサブスクリクションサービスを含めたコンテンツの利用課金があります。

④AWS－世界的な規模での、コンピューティングシステム、ストレージ、データベース、その他のサービスをAWSは用意しています。

⑤その他－他の売上は広告宣伝サービス売上を含んでいます。

　通常、私たちが利用するオンラインショップは、Retail sales（小売）に分類されます（①）。そしてオンラインショップでは、外部の販売業者の商品も販売しています（②）。この場合、Amazonは外部の販売業者から手数料を受け取ることになります。

Amazonプライムは、Subscription services（サブスクリクション・サービス）に含まれています。サブスクリプションとは、モノの利用権を貸して利用した期間に応じて料金を受け取る方式のことです（③）。

AWSについては、少し説明が必要かもしれません。AWSはAmazon Web Serviceの頭文字をとったものです。具体的には、Amazonが提供するクラウドサービスと考えればよいでしょう。

なお、日本のAmazonホームページには、「AWSでは、コンピューティング、ストレージ、データベース、分析、ネットワーキング、モバイル、開発者用ツール、管理ツール、IoT、セキュリティ、エンタープライズアプリケーションなど、グローバルなクラウドベース製品を幅広く利用できます」と紹介されています（④）。

また広告売上は、Other（その他）として計上されています（⑤）。

以上、これでAmazonの主要事業が理解できたかと思います。次は、事業別に将来性を検討していきましょう。

4-3
事業別分析を行う

◆ 売上構成比を計算する

　Amazonの英文決算書から、事業別の情報が記載されている部分を探してみると、「Item 8. Financial Statements and Supplementary Data」の「Note 10 – Segment Information」に該当する情報が見つかります。

　図4-3-1に示します。

図4-3-1　Amazonのセグメント情報（抜粋）

		Year Ended December 31,				
		2016		2017		2018
Net Sales:						
Online stores (1)	$	91,431	$	108,354	$	122,987
Physical stores (2)		—		5,798		17,224
Third-party seller services (3)		22,993		31,881		42,745
Subscription services (4)		6,394		9,721		14,168
AWS		12,219		17,459		25,655
Other (5)		2,950		4,653		10,108
Consolidated	$	135,987	$	177,866	$	232,887

出所：Amazon 10-K

　事業別に売上構成を見てみましょう。 参考までに、抜粋したAmazonのセグメント情報の日本語訳を図4-3-2に示します。

　2018年度売上高の合計（consolidated）は232,887百万ドルです（図4-3-1囲み）。**各商品・サービスの売上高を232,887百万ドルで割れば、Amazon全体の売上の中でその商品がどれだけを占めているのかがわかります。**

　例えば、Online stores（オンライン店舗売上）の売上高に占める割合は、次のように計算できます。

$$\frac{\text{オンライン店舗売上高}}{\text{売上高}} = \frac{\text{Online Stores}}{\text{Consolidated}} = \frac{122,987}{232,887} = 52.8\%$$

4-3 事業別分析を行う

図4-3-2 Amazonの商品・サービス別売上

（単位:百万円※）

12月31日に終了する事業年度

	2016	2017	2018
Online stores （オンライン店舗）	9,143,100	10,835,400	12,298,700
Physical stores （実店舗）	–	579,800	1,722,400
Third-party seller service （外部の販売者向けサービス）	2,299,300	3,188,100	4,274,500
Subscription Service （サブスクリプション・サービス）	639,400	972,100	1,416,800
AWS （アマゾン・ウェブ・サービス）	1,221,900	1,745,900	2,565,500
Other （その他）	295,000	465,300	1,010,800
売上合計	13,598,700	17,786,600	23,288,700

※1ドル100円で換算　　　　　　　　　　　　　　　出所：Amazon 10-Kをもとに筆者作成

　同じように計算を行うと、実店舗が7.4%、Third-party seller service（外部の販売者向けサービス）が18.4%、Subscription service（サブスクリプション・サービス）が6.1%、AWS（アマゾン・ウェブ・サービス）が11.0%、Other（その他）4.3%と計算できます。

　意外なことに、Online stores（オンライン店舗売上）はすでに売上高の5割をわずかに超えるだけです。そして、AWS（アマゾン・ウェブ・サービス）は売上高の1割を超えています。

　図4-3-3に、Amazonの2018年度の売上構成を示します。

第4章 Amazonの今後の成長を期待させる要素は何か

図4-3-3　2018年度Amazonの商品・サービス売上構成

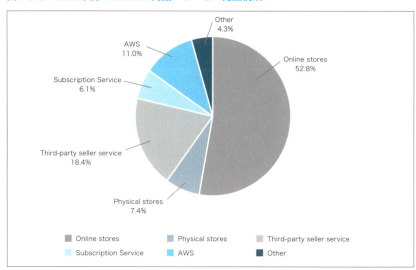

出所：Amazon 10-Kをもとに筆者作成

◆商品・サービス別に売上成長率を分析する

　Amazonの売上が今後成長するかを検討するために、2016年度を基準として、商品・サービス別に売上成長率を計算します。

図4-3-4　商品・サービス別売上成長率

商品・サービス名	2016	2017	2018
Online stores	100.0%	118.5%	② 134.5%
Physical stores	―	100.0%	297.1%
Third-party seller service	100.0%	138.7%	185.9%
Subscription Service	100.0%	152.0%	221.6%
AWS	100.0%	142.9%	210.0%
Other	100.0%	157.7%	342.6%
Consolidated	100.0%	130.8%	① 171.3%

※2016年度の実績がない「Physical strores」は、2017年度を基準としている　　出所：Apple 10-Kをもとに筆者作成

図4-3-4に、商品・サービス別で売上成長率を計算しました。売上高全体（Consolidated）は、」2016年度を基準にすると71.3%成長しています（図4-3-4囲み①）。**驚くことに、成長の止まった商品・サービスは1つもありません。**創業時から続けているOnline stores（オンライン店舗売上）さえ、34.5%成長しています（図4-3-4囲み①）。

商品・サービス別成長率をグラフ化したのが、図4-3-5です。

図4-3-5　Amazonの商品・サービス別売上成長率グラフ

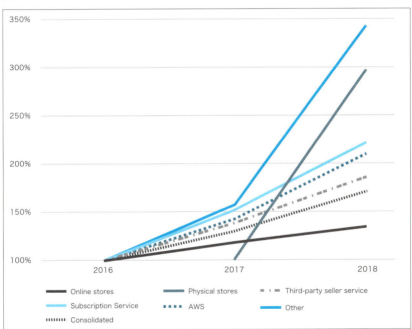

出所：Amazon 10-Kをもとに筆者作成

グラフを見ると、金額が少ないとはいえ、新たに取り組んでいるPhysical stores（実店舗）、Other（その他）の売上が3倍程度に伸びています。

従来から行っているSubscription service（サブスクリプション・サービス）、AWS（アマゾン・ウェブ・サービス）の売上も2倍以上、Third-party seller service（外部の販売者向けサービス）も倍近く伸びています。

　Amazon が現在行っている事業は、既存のものも新規のものも売上の伸びが著しく、将来性に全く不安を感じさせません。

　ただし、今回分析したデータには利益がありません。利益については、次節で検討します。

4-4
事業別利益を推察する

◆ 他のセグメント情報に注目する

すべての事業で売上が伸びているのは良い材料です。しかし、売上が伸びていても利益が減少する場合もあります。よって、**Amazonの将来性を考えるうえでは、各事業の売上増加が利益の増加に結び付いているかどうかを確かめる必要があります。**

残念なことに、Amazonは事業別の損益を開示していません。そこで、英文決算書に開示されている情報を基に事業別利益を推察します。

まずは、Amazonのセグメント情報です。Amazonは売上と営業利益を、「North America」「International」「AWS」の3つの区分に分けて開示しています。セグメント情報を図4-4-1に示します。

図4-4-1　Amazonのセグメント情報

| | Year Ended December 31, | | |
	2016	2017	2018
North America			
Net sales	$ 79,785	$ 106,110	$ 141,366
Operating expenses	77,424	103,273	134,099
Operating income	$ 2,361	$ 2,837	$ 7,267
International			
Net sales	$ 43,983	$ 54,297	$ 65,866
Operating expenses	45,266	57,359	68,008
Operating income (loss)	$ (1,283)	$ (3,062)	$ (2,142)
AWS			
Net sales	$ 12,219	$ 17,459	$ 25,655
Operating expenses	9,111	13,128	18,359
Operating income	$ 3,108	$ 4,331	$ 7,296
Consolidated			
Net sales	$ 135,987	$ 177,866	$ 232,887
Operating expenses	131,801	173,760	220,466
Operating income	4,186	4,106	12,421
Total non-operating income (expense)	(294)	(300)	(1,160)
Provision for income taxes	(1,425)	(769)	(1,197)
Equity-method investment activity, net of tax	(96)	(4)	9
Net income	$ 2,371	$ 3,033	$ 10,073

出所：Amazon 10-K

この開示によって、AWSの営業利益がどのように変化しているのかがわかります。念のため、セグメント情報の日本語訳を図4-4-2に示します。

図4-4-2　Amazonのセグメント情報の日本語訳（参考）

（単位：百万円※）

	12月31日に終了する事業年度		
	2016	2017	2018
北アメリカ			
売上高	7,978,500	10,611,000	14,136,600
営業費用	7,742,400	10,327,300	13,409,900
営業利益	236,100	283,700	726,700
北アメリカ以外			
売上高	4,398,300	5,429,700	6,586,600
営業費用	4,526,600	5,735,900	6,800,800
営業利益	(128,300)	(306,200)	(214,200)
AWS			
売上高	1,221,900	1,745,900	2,565,500
営業費用	911,100	1,312,800	1,835,900
営業利益	310,800	433,100	729,600
連結			
売上高	13,598,700	17,786,600	23,288,700
営業費用	13,180,100	17,376,000	22,046,600
営業利益	418,600	410,600	1,242,100
営業外損益	(29,400)	(30,000)	(116,000)
法人税等	(142,500)	(76,900)	(119,700)
持分法適用会社に対する持分相当額	(9,600)	(400)	900
当期純利益	237,100	303,300	1,007,300

※1ドル100円で換算　　　　　　　　　　　　　　　出所：Amazon 10-Kをもとに筆者作成

AWSの数字を使って、成長率を計算してみます。
計算結果を図4-4-3に示します。

図4-4-3　AWSの収益成長率

	2016	2017	2018	
売上高	100.0%	142.9%	②	210.0%
営業費用	100.0%	144.1%		201.5%
営業利益	100.0%	139.4%	①	234.7%

出所：Amazon 10-Kをもとに筆者作成

130

AWSの成長率分析を見ると、2018年の営業利益は2016年と比較して、134.7%も成長しています（図4-4-3囲み①）。これは売上高の成長110.0%を上回る成長率です（図4-4-3囲み②）。

クラウド事業は設備投資などの初期費用が大きく、維持費用が小さい事業だと考えることができます。そう考えれば、売上高が成長すれば、それ以上に利益は成長することになります。今後、売上高が大きくなれば、さらに利益も大きく成長することが予想できます。

◆ 他の事業の利益は？

AWS事業は、売上高の成長以上に営業利益が大きくなっていることがわかりました。では、その他の事業はどうでしょうか？

英文決算書に、他の事業の利益に関する情報はありません。そうなると、一定の仮定を設けて事業別損益を推測するしかありません。

4-1で説明しましたが、**AmazonはOperating expenses（営業費用）を機能別に分けた独自の開示をしています。これを基に、事業ごとの負担額を推定計算し、Amazonの事業別損益を推測してみます。**

それぞれの費用は、次のように発生していると考えます。

Cost of sales（売上原価）
「Online store」「Physical stores」「Subscription Service」が負担する。原価率は全て同一と仮定する。[※1]

Fulfillment（フルフィルメント）
「Online store」「Physical stores」「Third-party seller service」「AWS」「Other」が負担する。負担額は売上金額に比例すると考える。[※2]

Marketing（マーケティング）
「Subscription Service」を除く全部門で負担する。負担額は売上金額に

比例すると考える。[※3]

Technology and content（技術及びコンテンツ）

AWSの負担を除いた金額を他部門で負担する。負担額は売上金額に比例すると考える。[※4]

General and administrative（一般管理費）

全部門で負担する。負担額は売上金額に比例すると考える。

Other operating expense,net（その他営業費用）

重要性に乏しいので、「Other」の負担とする。

（※1）「Cost of sales primarily consists of the purchase price of consumer products, digital media content costs where we record revenue gross, including video and music, packaging supplies, −売上原価は主に一般製品の購入価格、ビデオ、音楽を含む、売上を総額で記録するデジタルメディアコンテンツからなります。」という記載から、「Online store」「Physical stores」だけではなく、「Subscription Service」も売上原価を計上していると推定しました。

（※2）「While AWS payment processing and related transaction costs are included in fulfillment, − AWSの支払いプロセスと関連する取引費用はフルフィルメントに含まれています。」という記載から、フルフィルメント費用は、「AWS」でも発生していると推定しました。

（※3）「While costs associated with Amazon Prime memberships and other shipping offers are not included in marketing expense, − Amazonプライム会員権と他の輸送費はMarketing費用に含まれていません。」という記載から、marketing費用は「Subscription Service」ではほとんど発生していないと仮定しました。

（※4）「AWS costs are primarily classified as "Technology and content." − AWS費用は原則として「Technology and content」に分類されます。」という記載から、AWS部門のセグメント費用から他の費用を差し引いた金額はすべて「Technology and content」に計上されていると仮定しました。

なお、原価をどの部門が負担するかは、「Item 7. Management's Discussion and Analysis of Financial Condition and Results of Operations」の記載から推定しています。

これらの仮定に基づいて計算したOperating expenses（営業費用）を、図4-4-4に示します。また、Online stores（オンライン店舗売上）とThird-par-

4-4 事業別利益を推察する

図4-4-4 営業費の想定計算

(単位:百万ドル)

	2016	2017	2018
Online stores&Third-party seller service (オンライン店舗と外部の販売者向けサービス)			
Cost of sales（売上原価）	83,594	100,781	116,995
Fulfillment（フルフィルメント）	15,557	21,058	25,784
Marketing（マーケティング）	6,386	8,398	10,467
Technology and content（技術及びコンテンツ）	8,816	11,820	13,250
General and administrative（一般管理費）	2,046	2,897	3,086
Other operating expense,net（その他営業費用）			
Physical stores（実店舗）			
Cost of sales（売上原価）	0	4,167	12,159
Fulfillment（フルフィルメント）	0	871	2,680
Marketing（マーケティング）	0	347	1,088
Technology and content（技術及びコンテンツ）	0	489	1,377
General and administrative（一般管理費）	0	120	321
Other operating expense,net（その他営業費用）			
Subscription Service（サブスクリプション・サービス）			
Cost of sales（売上原価）	4,671	6,986	10,002
Fulfillment（フルフィルメント）			
Marketing（マーケティング）			
Technology and content（技術及びコンテンツ）	493	819	1,133
General and administrative（一般管理費）	114	201	264
Other operating expense,net（その他営業費用）			
AWS（アマゾン・ウェブ・サービス）			
Cost of sales（売上原価）			
Fulfillment（フルフィルメント）	1,661	2,622	3,991
Marketing（マーケティング）	682	1,045	1,620
Technology and content（技術及びコンテンツ）	6,549	9,100	12,270
General and administrative（一般管理費）	219	361	478
Other operating expense,net（その他営業費用）			
Other（その他）			
Cost of sales（売上原価）			
Fulfillment（フルフィルメント）	401	699	1,573
Marketing（マーケティング）	165	279	638
Technology and content（技術及びコンテンツ）	227	392	808
General and administrative（一般管理費）	53	96	188
Other operating expense,net（その他営業費用）	167	214	296
Consolidated			
Cost of sales（売上原価）	88,265	111,934	139,156
Fulfillment（フルフィルメント）	17,619	25,249	34,027
Marketing（マーケティング）	7,233	10,069	13,814
Technology and content（技術及びコンテンツ）	16,085	22,620	28,837
General and administrative（一般管理費）	2,432	3,674	4,336
Other operating expense,net（その他営業費用）	167	214	296

第4章 Amazonの今後の成長を期待させる要素は何か

ty seller service（外部の販売者向けサービス）の費用は同じように発生すると考えられるため、両者を合わせて検討します。

　さらに、想定した営業費用に基づいて作成した事業部門別損益計算を図4-4-5に示します。

図4-4-5　筆者の想定に基づくAmazonの事業別損益（AWSを除く）

（単位:百万ドル）

	2016	2017	2018
Online stores&Third-party seller service（オンライン店舗と外部の販売者向けサービス）			
売上高	114,424	140,235	165,732
営業費用	116,399	144,953	169,582
営業利益	① （1,975）	（4,718）	（3,850）
Physical stores（実店舗）			
売上高		5,798	17,224
営業費用		5,993	17,624
営業利益	①	（195）	（400）
Subscription Service（サブスクリプション・サービス）			
売上高	6,394	9,721	14,168
営業費用	5,278	8,006	11,398
営業利益	1,116	1,715	2,770
AWS（アマゾン・ウェブ・サービス）			
売上高	12,219	17,459	25,655
営業費用	9,111	13,128	18,359
営業利益	3,108	4,331	7,296
Other（その他）			
売上高	2,950	4,653	10,108
営業費用	1,013	1,680	3,503
営業利益	1,937	2,973	6,605
Consolidated			
売上高	135,987	177,866	232,887
営業費用	131,801	173,760	220,466
営業利益	4,186	4,106	12,421

　これを見ると意外な結果になりました。

Amazonで1番売上高の大きなOnline stores（オンライン店舗売上）と
Third-party seller service（外部の販売者向けサービス）の合計、Physical
stores（実店舗）は営業利益が赤字になっています（図4-4-5囲み①）。**フル
フィルメント費用がどの事業によって多く発生しているのかによって、結
論は変わりますが、Online stores（オンライン店舗売上）とThird-party
seller service（外部の販売者向けサービス）、Physical stores（実店舗）
は2018年度でも赤字になっている可能性があります。**

Operating income（営業利益）が黒字となっている部門の成長率を、図
4-4-6に示します。

図4-4-6　筆者の想定に基づくAmazon事業部門の成長率

	2016	2017	2018
Subscription Service（サブスクリプション・サービス）			
営業利益	100.0%	153.7%	① 248.2%
Other（その他）			
営業利益	100.0%	153.5%	② 340.9%

想定に基づいた計算では、「Subscription Service」部門は148.2%（図4-4-6
囲み①）、「Other」部門は240.9%も利益を伸ばしています（図4-4-6囲み②）。

4-5
クロージング:Amazonの将来を予測する

◆英文決算書から理解したこと

英文決算書を読むことで、次のことがわかりました。

> ・Amazonの業績は2018年度のTotal net sales（総売上）、Opereating income（営業利益）を見ると、2016年度と比べてTotal net sales（総売上）が71.3%、Opereating income（営業利益）は196.7%成長している。
>
> ・3年間のOperating margin（営業利益率）の平均は3.6%。大規模小売業社と比べると標準的である。
>
> ・製品・サービス別に見ると、すべての事業部門で売上高が成長している。
>
> ・ところが、事業部門別にOperating income（営業利益）を推定計算すると、Online stores（オンライン店舗売上）とThird-party seller service（外部の販売者向けサービス）、Physical stores（実店舗）は、2018年度でも赤字の可能性がある。
>
> ・AWS部門の営業利益は、134.7%も成長している。推定計算でも「サブスクリプション・サービス部門は148.2%、その他の部門は240.9%、営業利益が成長している。

◆Amazonの将来を予測する

　Amazonは2015年から継続して、増収増益を2018年度まで続けています。AWS（アマゾン・ウェブ・サービス）、Subscription service（サブスク

リプション・サービス）、Other（その他）は売上高だけではなく、営業利益も成長していると推定できます。

一方、Online stores（オンライン店舗売上）とThird-party seller service（外部の販売者向けサービス）、Physical stores（実店舗）部門は、売上高は成長していますが、営業利益は2018年度においても赤字となっている可能性があります。

はたして、Amazonの将来は世間で言われているようにバラ色なのでしょうか？

大幅に固定費が増える意思決定をしないかぎり、**Amazonはこれからもさらに売上高、営業利益を成長させていけると私は考えています。**

なぜなら、Amazonの事業はそのどれもが一定の規模を超えれば、規模が大きくなるほど利益の大きくなる事業だからです。

図4-5-1で2016年度と2017年度を比べると、Online stores（オンライン店舗売上）とThird-party seller service（外部の販売者向けサービス）は売上は増えましたが、赤字も増加しています。ところが、2017年度と2018年度では売上の増加とともに営業赤字も減少しています。

Online stores（オンライン店舗売上）とThird-party seller service（外部の販売者向けサービス）は、規模が大きくなるほど利益が大きくなる一定の規模を超えたと想定できます。だから、将来的に売上高がさらに増加することによって、この部門の営業赤字は減少し、いずれ黒字に転換すると考えられます。

図4-5-1　著者の想定に基づく事業損益

（単位：百万ドル）

	2016	2017	2018
Online stores&Third-party seller service （オンライン店舗と外部の販売者向けサービス）			
売上高	114,424	140,235	165,732
営業費用	116,399	144,953	169,582
営業利益	（1,975）	（4,718）	（3,850）

また、クラウドサービス市場が成長する中、AWS部門の世界的なシェアの高さも、Amazonの今後の成長を期待させます。

図4-5-2　クラウドサービスの市場占有率

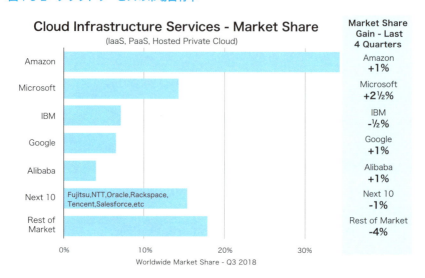

（出所：Synergy Reserch Group）

　図4-5-2を見てください。Synergy Reserch Groupの調査によると、クラウドサービス・インフラの市場は2018年の第3四半期で2017年の第3四半期と比較して45%成長しています。その中でAmazonは34%強のシェアを占めています。**市場は今後も成長が予想されていること、シェアが急激に変化するのは考えづらいことから、クラウドサービス・インフラの市場が成長する限り、Amazonの売上、営業利益は伸び続けると予想できます。**

　また、Amazonの事業は利用するインフラが共通であるという特徴があります。この点でも、規模の経済が働き、Amazonの営業利益はさらに増えると考えられます。

4-5　クロージング：Amazonの将来を予測する

◆Amazonの次の一手は？

AWSを代表とするさまざまな新サービスを提供してきたAmazonですが、今後はどのような展開を考えているのでしょうか？

スピードが優先される現在の企業経営では、進出を考えている事業がある場合、先行している企業を買収することがほとんどです。そこでヒントとなるのは、Amazonの企業買収の歴史です。

英文決算書の「Item 8. Financial Statements and Supplementary Data」に、「Note 4 – ACQUISITIONS, GOODWILL, AND ACQUIRED INTANGIBLE ASSETS」の記載があります。

記載されている2017年からの主要な企業買収を、図4-5-3にまとめます。

図4-5-3　Amazonの主要な企業買収（2017-2018）

年月日	買収金額（百万ドル）	買収企業名	業種
2017年05月12日	583	Souq Group Ltd.	an e-commerce company 電子商取引
2017年08月28日	13,200	Whole Foods Market	a grocery store chain 食料品チェーン店
2018年04月12日	839	Ring Inc.	Video Doorbell モニター付きドアホン（※）
2018年09月11日	753	PillPack, Inc.	full-service pharmacy オンライン薬局（※）

出所：Amazon 10-Kをもとに筆者作成（※は筆者が調査追加）

Amazonの企業買収を見ると、幅広く次の手を打っていることに気がつきます。 中東オンライン小売会社の買収、生鮮食品、医薬品にまで手を伸ばしています。

注目すべきは、モニター付きドアホン市場で97％（2016年NPDグループ調査結果）のシェアを持つRing社の買収です。**かねてから、Amazonが力を入れると宣言していたAmazonEcho,Alexsaなどの音声認識技術の導入で、新しい商品・サービスが生まれる可能性もあります。**

139

4-6

Nvidia、Stamps.com、その他の成長著しい企業の将来を予測する

◆Nvidiaの事業を理解する

　英文決算書を読むことで、Amazonの将来、今後の展開を予想しました。そして同様の分析は、他の企業についても可能です。

　Nvidia Coporation（以下、Nvidia）は、コンピュータのグラフィックス処理や演算処理の高速化を主な目的とするGPU（Graphics Processing Unit）

図4-6-1　Nvidiaの連結損益計算書

NVIDIA CORPORATION AND SUBSIDIARIES
CONSOLIDATED STATEMENTS OF INCOME
(In millions, except per share data)

		Year Ended	
	January 27, 2019	January 28, 2018	January 29, 2017
Revenue	$ 11,716	$ 9,714	$ 6,910
Cost of revenue	4,545	3,892	2,847
Gross profit	7,171	5,822	4,063
Operating expenses			
Research and development	2,376	1,797	1,463
Sales, general and administrative	991	815	663
Restructuring and other charges	—	—	3
Total operating expenses	3,367	2,612	2,129
Income from operations	3,804	3,210	1,934
Interest income	136	69	54
Interest expense	(58)	(61)	(58)
Other, net	14	(22)	(25)
Total other income (expense)	92	(14)	(29)
Income before income tax	3,896	3,196	1,905
Income tax expense (benefit)	(245)	149	239
Net income	$ 4,141	$ 3,047	$ 1,666
Net income per share:			
Basic	$ 6.81	$ 5.09	$ 3.08
Diluted	$ 6.63	$ 4.82	$ 2.57
Weighted average shares used in per share computation:			
Basic	608	599	541
Diluted	625	632	649
Cash dividends declared and paid per common share	$ 0.610	$ 0.570	$ 0.485

出所：Nvidia 10-K

の開発、販売で有名な会社です。

業績好調と言われているNvidiaについて、Amazonと同じように分析してみましょう。

図4-6-2　Nvidiaの連結損益計算書（日本語訳）

Nvidia社と子会社
連結損益計算書
（単位：百万円※）

	事業年度終了日		
	1月27日	1月28日	1月29日
	2019	2018	2017
売上高	1,171,600	971,400	691,000
売上原価	454,500	389,200	284,700
売上総利益	717,100	582,200	406,300
営業費用			
研究開発費	237,600	179,700	146,300
販売費及び一般管理費	99,100	81,500	66,300
構造改革費用その他費用			300
営業費用合計	336,700	261,200	212,900
営業利益	380,400	321,000	193,400
受取利息	13,600	6,900	5,400
支払利息	(5,800)	(6,100)	(5,800)
その他損益	1,400	(2,200)	(2,500)
営業外損益計	9,200	(1,400)	(2,900)
税引前当期利益	389,600	319,600	190,500
税金費用	(24,500)	14,900	23,900
当期純利益	414,100	304,700	166,600

※1ドル100円で換算　　　　　　　　　　　　　　出所：Nvidia 10-Kをもとに筆者作成

会社の成長を見るため、Nvidiaの成長率を計算します。基準年度は2017年1月29日に終了する事業年度とします。

図4-6-3　Nvidiaの成長率計算

	2019	2018	2017
Revenue（売上高）	① 170%	141%	100%
Cost of revenue（売上原価）	160%	137%	100%
Gross profit（売上総利益）	176%	143%	100%
Operating expenses（営業費用）			
Reserch and development（研究開発費）	162%	123%	100%
Sales,general and administrative（販売費及び一般管理費）	149%	123%	100%
Restrucuring and other charges（構造改革費用その他費用）	0%	0%	100%
Total operating expenses（営業費用合計）	158%	123%	100%
Income from operatinos（営業利益）	② 197%	166%	100%
Interest income（受取利息）	252%	128%	100%
Interest expense（支払利息）	100%	105%	100%
Other, net（その他損益）	-56%	88%	100%
Total other income (expense)（営業外損益計）	-317%	48%	100%
Income before income taxes（税引前当期利益）	205%	168%	100%
Income taxe expense (benefit)（税金費用）	-103%	62%	100%
Net income（当期純利益）	249%	183%	100%

出所：Nvidia 10-Kをもとに筆者作成

　Nvidiaの業績も好調です。Revenue（売上高）は70%（図4-6-3囲み①）、Income from operation（営業利益）も倍近く成長しています（図4-6-3囲み②）。

◆Nvidiaの事業内容

　Nvidiaは「Item.1 Business」で、現在販売している製品について詳しく説明しています。

▼2019年Nvidiaのアニュアルレポートより

Our Businesses

Our two reportable segments - GPU and Tegra Processor - are based on a single underlying architecture. Our GPU product brands are aimed at specialized markets including GeForce for gamers; Quadro for designers; Tesla and DGX for AI data scientists and big data researchers; and GRID for cloud-based visual computing users. Our Tegra brand integrates an entire computer onto a single chip, and incorporates GPUs and multi-core CPUs to drive supercomputing for autonomous robots, drones, and cars, as well as for game consoles and mobile gaming and entertainment devices.

GPU · GeForce for PC gaming and mainstream PCs

· GeForce NOW for cloud-based game-streaming service

· Quadro for design professionals working in computer-aided design, video editing, special effects, and other creative applications

· Tesla for AI utilizing deep learning and accelerated computing, leveraging the parallel computing capabilities of GPUs for general purpose computing

· GRID to provide the power of NVIDIA graphics through the cloud and datacenters

· DGX for AI scientists, researchers and developers

Tegra Processor

· Tegra processors are primarily designed to enable branded platforms - DRIVE and SHIELD

· DRIVE AGX automotive supercomputers and software stacks that provide self-driving capabilities

· Clara AGX for intelligent medical instruments

· SHIELD devices and services designed to harness the power of mobile-cloud to revolutionize home entertainment, AI and gaming

· Jetson AGX is a power-efficient AI computing platform for robotics and other embedded use

▼日本語訳

当社の事業

当社の2つの報告セグメント（GPUとTegraプロセッサ）は、単一の構造に基づいています。当社のGPU製品区分は、ゲーム市場向けのGeForce、デザイナー向けのQuadro、AIデータ科学者とビッグデータ研究者向けのTeslaとDGX、クラウドベースのビジュアルコンピューティングユーザー向けのGRIDを含め、特殊な市場向けです。当社のTegraは、コンピュータ全体を1枚のチップにまとめました。そして、自律性のあるロボット、ドローン、自動車をゲームコンソールとモバイルゲーム、エンターテイメントデバイスと同じように並列高速処理をするために、複数のGPUと複数のマルチコアCPUを統合しています。

（以下GPUとTegra Processorの製品説明について、日本語訳省略）

英文決算書を読むことで、**Nvidiaがコンピュータのグラフィックス処理や演算処理の高速化を主な目的とするGPU（Graphics Processing Unit）と、統合型プロセッサーであるTegra Processorの2種類の製品の設計販売に特化した会社であることが理解できました。**

◈ 事業別分析

続いて、事業別に分析を行います。

「Item 8. Financial Statements and Supplementary Data」の「Note 16 – Segment Information」に3ページにわたり、セグメントに関する詳細な情報が記載されています。

4-6 Nvidia、Stamps.com、その他の成長著しい企業の将来を予測する

図4-6-4 Nvidiaの製品別セグメント情報

		GPU		Tegra Processor		All Other		Consolidated
				(In millions)				
Year Ended January 27, 2019:								
Revenue	$	10,175	$	1,541	$	—	$	11,716
Depreciation and amortization expense	$	197	$	47	$	18	$	262
Operating income (loss)	$	4,443	$	241	$	(880)	$	3,804
Year Ended January 28, 2018:								
Revenue	$	8,137	$	1,534	$	43	$	9,714
Depreciation and amortization expense	$	123	$	37	$	39	$	199
Operating income (loss)	$	3,507	$	303	$	(600)	$	3,210
Year Ended January 29, 2017:								
Revenue	$	5,822	$	824	$	264	$	6,910
Depreciation and amortization expense	$	116	$	29	$	42	$	187
Operating income (loss)	$	2,180	$	(9)	$	(237)	$	1,934

出所：Nvidia 10-K

図4-6-5 Nvidiaの製品別セグメント情報の日本語訳（参考）

	GPU	Tegra Processor	その他すべて	連結
		（単位：百万円）		
2019年1月27日に終了する事業年度				
売上高	① 1,017,500	③ 154,100		1,171,600
減価償却費	19,700	4,700	1,800	26,200
営業利益（損失）	② 444,300	24,100	(88,000)	380,400
2018年1月28日に終了する事業年度				
売上高	① 813,700	③ 153,400	4,300	971,400
減価償却費	12,300	3,700	3,900	19,900
営業利益（損失）	② 350,700	30,300	(60,000)	321,000
2017年1月29日に終了する事業年度				
売上高	① 582,200	82,400	26,400	691,000
減価償却費	11,600	2,900	4,200	18,700
営業利益（損失）	② 218,000	(900)	(23,700)	193,400

※1ドル100円で換算

出所：Nvidia 10-Kをもとに筆者作成

　Nvidiaの製品別セグメントは、GPU、Tegra processor、All other（その他すべて）の3つに区分されています。数字を概観すると、GPUのRevenue

（売上高、図4-6-5囲み①）、Operating income（営業利益、図4-6-5囲み②）は伸びていますが、Tegra Processorは売上の伸びが止まったように見えます（図4-6-5囲み③）。

まずは、2018年度の売上構成を見てみます。

図4-6-6　Nvidiaの製品別売上構成

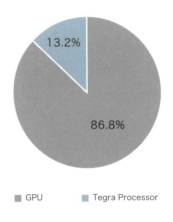

出所：Nvidia 10-Kをもとに筆者作成

　製品別売上構成を見ると、GPUがRevenue（売上）の86.8％を占め、依然としてNvidiaの売上の中心を占めていることがわかります。

　続けて、2016年度を基準とした製品別売上・営業利益の成長率を見てみます（Tegra Processorの2016年度の営業利益は赤字ですので、2017年度を基準年度とします）。

4-6　Nvidia、Stamps.com、その他の成長著しい企業の将来を予測する

図4-6-7　Nvidiaの製品別売上高・営業利益の成長率

		2016	2017		2018
GPU					
	売上高	100.0%	139.8%	①	174.8%
	営業利益	100.0%	160.9%		203.8%
Tegra Processor					
	売上高	100.0%	② 186.2%		187.0%
	営業利益	-	100.0%		79.5%
Consolidated					
	売上高	100.0%	140.6%		169.6%
	営業利益	100.0%	166.0%		196.7%

出所：Nvidia 10-Kをもとに筆者作成

　製品別売上高・営業利益の成長率を見ると、Nvidiaの業績が伸びたのは、GPUが好調だったためとわかります。2016年度を基準とすると、売上高は74.8%、営業利益は103.8%成長しています（図4-6-7囲み①）。

　一方、Tegra processorは2017年度に売上高が86.2%伸び、ようやく黒字化したものの、2018年度売上はほぼ横ばい、営業利益は2割減少しています（図4-6-7囲み②）。

　事業内容で確認したとおり、NvidiaはGPU（Graphics Processing Unit）と統合型プロセッサーTegra Processorの2種類の製品の設計販売に特化した企業です。

　今後も、GPU市場の成長を期待して将来を考えるしかないのでしょうか？

◆Business Strategy（事業戦略）を読み解く

　英文決算書の「Item.1 Business」には、「Business Strategy」（事業戦略）という項目があります。

147

「Business Strategy」（事業戦略）には、今後企業がどのように事業を拡大していくかが記載されていますので、これを読むことによって、Nvidiaの成長する要素を検討することができます。

「Business Strategy」（事業戦略）は2ページにわたる文章になりますので、ここでは記載されている見出しの日本語訳と要旨を記載します。

▼2019年Nvidiaのアニュアルレポートより

Business Strategies
- Advancing the GPU computing platform.
- Extending our technology and platform leadership in AI.
- Extending our technology and platform leadership in visual computing.
- Advancing the leading autonomous vehicle platform.
- Leveraging our intellectual property.

▼日本語訳

事業戦略
- GPUコンピューティングプラットホームの推進
- AIにおける当社の技術とプラットホームの主導権の拡大
- ビジュアルコンピューティングにおける当社の技術とプラットホームの主導権の拡大
- トップの自動運転プラットホームの推進
- 当社の知的資産の活動

Nvidiaは2種類の製品しか、設計・販売していません。しかし、**利用範囲をGPUコンピューティング、AI、ビジュアルコンピューティング、自動運転等に広げることによって、事業を成長させようと考えていることがわかりました。**

市場別セグメントの分析

製品用途を拡大するだけで、本当に事業を成長させることができるのでしょうか？

Nvidiaの英文決算書には、用途市場別セグメント情報が開示されています。この資料を基に、用途別の拡大で成長が可能かどうか検討します。

図4-6-8　Nvidiaの用途市場別セグメント情報

	Year Ended		
	January 27, 2019	January 28, 2018	January 29, 2017
Revenue:		*(In millions)*	
Gaming	$ 6,246	$ 5,513	$ 4,060
Professional Visualization	1,130	934	835
Datacenter	2,932	1,932	830
Automotive	641	558	487
OEM & IP	767	777	698
Total revenue	$ 11,716	$ 9,714	$ 6,910

出所：Nvidia 10-K

2016年度を基準として、成長率を計算します。

図4-6-9　Nvidiaの用途市場別売上成長率

	2018	2017	2016
Revenue（売上高）			
Gaming（ゲーム）	② 154%	136%	100%
Professional visualization （プロフェッショナル・ビジュアリゼーション）	135%	112%	100%
Datacenter（データセンター）	① 353%	233%	100%
Automotive（自動車）	132%	115%	100%
OEM&IP（相手先ブランド供給と知的資産）	110%	111%	100%
Total revenue（売上計）	170%	141%	100%

出所：Nvidia 10-K

Nvidiaの用途市場別売上は、すべての市場において伸びています。特に、Datacenterが253%（図4-6-9囲み①）、Gaming（ゲーム）も54%成長して

います（図4-6-9囲み②）。

Professional visualization（プロフェッショナル・ビジュアリゼーション）とAutomotive（自動車）は30%程度の成長です。Business Strategy（事業戦略）でNvidiaは、この分野に今後力を注いでいくと宣言しています。

用途市場別成長率を検討した結果、**製品が2種類であっても、用途の拡大を図ることで、Nvidiaはさらに成長することが可能だと結論づけることができそうです。**

◆Stamps.com社の将来を予想してみよう

インターネットベースの郵便ソリューションを展開する電子郵便サービス企業Stamps.com Inc.（以下、Stamps.com）も、米国で成長の著しい会社として注目されています。Stamps.comのConsolidated Statements of Operations（連結損益計算書）は、図4-6-10に示す通りです。

Consolidated Statements of Operations（連結損益計算書）を見ると、Stamps.comは、Total revenue（総売上高）、Income from operation（営業利益）も順調に成長しています（図4-6-10囲み①②）。

また、Stamps.comは事業別セグメントを、「Stamps.com」と「MetaPack」の2区分に分けて開示しています（図4-6-11囲み）。

以上、ぜひ**Amazon、Nvidiaと同じように英文決算書を読み解くことで、Stamps.comの次の一手を予測してみてください。**

150

4-6 Nvidia、Stamps.com、その他の成長著しい企業の将来を予測する

図4-6-10　Stamps.comの連結損益計算書

STAMPS.COM INC. AND SUBSIDIARIES
CONSOLIDATED STATEMENTS OF OPERATIONS
(In thousands, except per share data)

	Year Ended December 31,		
	2018	2017	2016
Revenues:			
Service	$ 530,682	$ 411,272	$ 313,057
Product	20,424	20,715	20,234
Insurance	16,189	17,385	17,300
Customized postage	19,583	19,244	13,615
Other	52	93	99
Total revenues ①	586,930	468,709	364,305
Cost of revenues (exclusive of amortization of intangible assets, which is included in general and administrative expense):			
Service	101,921	51,931	39,999
Product	6,153	6,618	6,695
Insurance	2,945	4,637	5,432
Customized postage	15,890	16,040	10,846
Total cost of revenues	126,909	79,226	62,972
Gross profit	460,021	389,483	301,333
Operating expenses:			
Sales and marketing	112,080	91,222	78,830
Research and development	56,591	46,208	35,158
General and administrative	96,951	88,550	67,125
Total operating expenses	265,622	225,980	181,113
Income from operations ②	194,399	163,503	120,220
Foreign currency exchange gain (loss), net	(992)	—	—
Interest expense	(2,595)	(3,669)	(3,552)
Interest income and other income, net	102	414	306
Income before income taxes	190,914	160,248	116,974
Income tax expense	22,272	9,645	41,745
Net income	$ 168,642	$ 150,603	$ 75,229
Net income per share			
Basic	$ 9.39	$ 8.81	$ 4.36
Diluted	$ 8.99	$ 8.19	$ 4.12
Weighted average shares outstanding			
Basic	17,952	17,099	17,245
Diluted	18,762	18,387	18,251

出所：Stamps 10-K

図4-6-11　Stamps.comのセグメント情報

	Year Ended December 31,	
	2018	2017
Segment revenues		
Stamps.com	$ 566,580	$ 468,709
MetaPack	20,350	—
Total revenues	$ 586,930	$ 468,709
Segment income from operations		
Stamps.com	$ 192,722	$ 163,503
MetaPack	1,677	—
Total income from operations	$ 194,399	$ 163,503
Company's total segment income from operations	$ 194,399	$ 163,503
Foreign currency exchange loss, net	(992)	—
Interest expense	(2,595)	(3,669)
Interest income and other income, net	102	414
Income before income taxes	$ 190,914	$ 160,248

出所：Stamps 10-K

151

◎英文決算書を読む際に知っておくべき会計用語について（その3）

　その2に続いて、貸借対照表を読むための会計用語を確認します。ここでは貸借対照表の負債・純資産の部を読むために必要な会計用語について説明します。

Liabilities
負債の部。Liabilities は負債を表します。

Current liabilities
流動負債。「current」は直訳すると「現在の、今の」という意味ですが、会計用語としては流動を表します。

Long-term debt due within one year
1年以内返済予定長期借入金。流動・固定の分類は1年以内に返済が必要かどうかによって決められますので、長期借入金で1年以内に返済が予定されているものは流動資産に開示されます。

Accounts payable
買掛金。「payable」は支払うべきという意味です。「Notes payable」は支払手形を表します。

Income tax payable
未払法人税等。「income tax」は法人税等を表します。「income tax payable」が未払法人税等になります。

Accrued expense
未払費用。「accrue」が発生を表します。Accrued expense で未払費用です。

Deferred revenue
前受収益。「deferred」は繰り延べるという意味です。繰り延べなければならない収益が前受収益です。

Long-term debt

長期借入金。「long-term」が長期を表します。Debtが借入金です。

Deferred income tax liabilities

繰延税金負債。「deferred」は繰り延べられたという意味です。Income taxが税金、liabilitiesが負債を表します。

Stockholders' equity

株主資本。「Stockholder」は株主です。Stockholders' equityで株主資本を表します。

Common stock

資本金。「common stock」は普通株式を表します。

Additional paid-in capital

資本剰余金。「additional」が追加で、「paid-in」は払込を表します。追加で払い込まれた資本「capital」が資本剰余金です。

Retained earnings

利益剰余金。「retained」が留保されたという意味で、「earnings」が利益を表します。留保された利益が会計用語としての利益剰余金です。

Accumulated other comprehensive income

その他包括利益。「comprehensive income」が包括利益を表します。

Treasury stock

自己株式。自己株式を金庫株と呼ぶことがありますが、英語でも「Treasury」宝庫の「stock」株と表します。

Noncontrolling interests

非支配株主持分。「Noncontrolling」支配していない「interests」持分ですので、非支配株主持分を表します。

第 **5** 章

Dow Chemicalと
DuPontの合併は
経営効率を上げたのか

M&Aは
有効だったのかを
判断するための
ヒントが、決算書には
散りばめられている

　化学業界で世界2位だったDow Chemical Company（以降の表記は「Dow Chemical」とする）は、2015年12月11日、同8位のE. I. Du Pont De Nemours and Company（以降の表記は「DuPont」とする）との経営統合を発表しました。そして2017年8月31日、ようやく経営統合の完了が報告されています（新会社名は「DowDuPont Inc.」。以降の表記は、DowDuPontとする）。

　統合後、1年半が過ぎましたが、両社の合併によって新会社の業績は伸びているのでしょうか？　また、資産効率に影響はあったのでしょうか？

　この章では、DowDuPontと合併前のDuPontの英文決算書を題材にして、組織統合の有効性を評価するポイントについて考えてみます。

5-1
M&Aの効果を読み解く上での注意点について

◆ どの英文決算書を読むのか

Dow Chemical は1897年に創業した会社で、設立当初は漂白剤と臭化カリウムの製造メーカーでした。

DuPont は1802年に設立された会社です。日本では、デュポンという名前でよく知られています。1935年に発明したナイロンでも有名です。

2015年12月11日に発表された両社の経営統合は、売上高ベースで900億ドル（9兆円）、時価総額ベースで1,300億ドル（13兆円）規模の世界最大の化学企業が誕生するという大きなニュースになりました（いずれも1ドル100円で換算）。

M&A（合併・買収）は新規事業に少しでも早く参入することを目的として、既存の経営資源を取り入れるためによく行われます。本件は、同業他社との大型合併ですので、経営統合による合理化により、規模の経済をさらに拡大することに目的があるように見えます。

企業では、ライバル会社が経営統合した場合、その成果を冷静に分析する必要があります。また社内であっても、子会社を統合した場合など、その統合の効果を分析する必要が出てきます。

合併・買収の結果、現在どういう状況にあるのかは、数値をもって裏付ける必要があります。英文決算書は企業の業績・財政状態を開示する書類ですので、合併・買収の効果を分析するのに有効です。

合併・買収の効果を考えるには、合併前の決算書を参照して検討する必要があります。複数の決算書を横断的に見て数値を検討するのは、煩雑な面もありますが、有効な検討結果を得るためには、合併前の決算書の参照

が不可欠なのです。

　本章では、DowDuPontの2018年度英文決算書と、DowDuPontの2017年度英文決算書を基に、合併の効果について考えていきます。

◆ 合併・買収の効果について読み解く場合の注意点

　合併・買収の効果について読み解く際は、どの期間の損益、キャッシュ・フローが取り込まれているのかに注意する必要があります。期中に合併・買収があった場合、期末の連結貸借対照表は合併・買収した2つの企業の資産・負債・純資産をすべて含んでいます。しかし、連結損益計算書、連結キャッシュ・フロー計算書は、合併・買収が有効になる日までの被合併企業の損益、キャッシュ・フローを含んでいません。

　A社を存続企業、B社を被合併企業として、期中の20XX年X年X日に合併した場合、A社とB社の資産・負債・純資産、損益、キャッシュフローが合併後の財務諸表にどう含まれるのか。それを図5-1-1に示します。

　数値を比較・検討するには、前提となる条件が同じであることが必須です。**合併による業績やキャッシュ・フローを検討する際は、用いる数字が同一の条件で計算されたものであることに留意しましょう。**

　次の5-2では、合併によって業績が伸びているのかについて見ていきます。

5-1　M&Aの効果を読み解く上での注意点について

図5-1-1　合併後財務諸表の構造

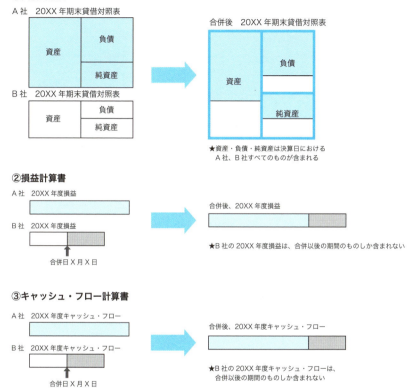

5-2
比較する資料を作成する

◆ 合併企業の損益計算書

　合併により、新会社の業績は合併前より良くなったのでしょうか？

　業績を比較するには通常、損益計算書を概観します。2018年度のDow-DuPontの連結損益計算書は、英文決算書の「Item 8. Financial Statements and Supplementary Data」に「CONSOLIDATED STATEMENTS OF IN-COMES」の表題で記載されています。

図5-2-1　DowDuPontの連結損益計算書

DowDuPont Inc.
Consolidated Statements of Income

(In millions, except per share amounts) For the years ended Dec 31,	2018	2017	2016
Net sales	$ 85,977	$ 62,484	$ 48,158
Cost of sales	65,333	49,791	37,668
Research and development expenses	3,060	2,141	1,593
Selling, general and administrative expenses	6,709	4,064	2,953
Amortization of intangibles	1,903	1,013	544
Restructuring, goodwill impairment and asset related charges - net	1,105	3,280	595
Integration and separation costs	2,463	1,101	349
Asbestos-related charge	—	—	1,113
Equity in earnings of nonconsolidated affiliates	1,001	764	442
Sundry income (expense) - net	592	417	1,486
Interest expense and amortization of debt discount	1,504	1,082	858
Income from continuing operations before income taxes	5,493	1,193	4,413
Provision (Credit) for income taxes on continuing operations	1,489	(476)	9
Income from continuing operations, net of tax	4,004	1,669	4,404
Loss from discontinued operations, net of tax	(5)	(77)	—
Net income	3,999	1,592	4,404
Net income attributable to noncontrolling interests	155	132	86
Net income attributable to DowDuPont Inc.	3,844	1,460	4,318
Preferred stock dividends	—	—	340
Net income available for DowDuPont Inc. common stockholders	$ 3,844	$ 1,460	$ 3,978

出所：DowDuPont 10-K

　DowDuPontのConsolidated statements of income（連結損益計算書）は、項目も少なく簡略な開示です。図5-2-2にDowDuPontの連結損益計算書の日本語訳を示します。

160

5-2 比較する資料を作成する

図5-2-2　DowDuPontの連結損益計算書の日本語訳（参考）

DowDuPont,Inc.
連結損益計算書

（単位：百万円※12月31日に終了する事業年度）	2018	2017	2016
売上高	② 8,597,700	6,248,400	4,815,800
売上原価	6,533,300	4,979,100	3,766,800
研究開発費	306,000	214,100	159,300
販売費および一般管理費	670,900	406,400	295,300
無形固定資産償却費	190,300	101,300	54,400
構造改革、のれん、減損、資産関連費用	110,500	① 328,000	59,500
統合・分割費用	246,300	110,100	34,900
アスベスト関連費用			111,300
持分法による投資利益	100,100	76,400	44,200
雑収入	59,200	41,700	148,600
支払利息と社債割引料の償却	150,400	108,200	85,800
継続事業による税引前当期利益	549,300	119,300	441,300
継続事業にかかる税金費用	148,900	(47,600)	900
継続事業による当期純利益	400,400	166,900	440,400
非継続事業からの損失	(500)	(7,700)	
当期純利益	399,900	159,200	440,400
非支配持分に帰属する当期純利益	15,500	13,200	8,600
親会社株主に帰属する当期純利益	384,400	146,000	431,800
優先株配当金			34000
親会社普通株主に帰属する当期純利益	384,400	146,000	397,800

※1ドル100円で換算　　　　　　　　　　　　　　　　出所：DowDuPont 10-Kをもとに筆者作成

DowDuPontのConsolidated statements of income（連結損益計算
書）を見ると、2017年に3,280億円のRestructing,goodwill,impairment
and asset related charges-net（構造改革費用等）を計上しているため、
業績が悪くなっています（図5-2-2囲み部分①）。一方、2016年は4兆8,158
億円、2017年6兆2,484億円、2018年8兆5,977億円と、順調にNet sales
（売上）は伸びているように見えます（図5-2-2囲み部分②）。

　5-1で説明したとおり、合併・買収に際しては、連結損益計算書にはどの
企業のどの期間の数字が含まれているのかを確かめることが重要です。

Dow ChemicalとDuPontの合併手続が完了した日は2017年8月31日です。つまり、2016年度と2017年の1月から8月までのDuPontの営業活動は、前述の連結損益計算書に一切含まれていません。

　したがって、**合併の効果を読み解くには、2018年度のDowDuPontの連結損益計算書に含まれていて、2016年度、2017年度の連結損益計算書に含まれていない数字を補う必要があります。**

◆ 被合併企業の損益計算書

　Dow ChemicalとDuPontを1体として考えた場合に、DowDuPontの2016年度、2017年度の損益計算書に含まれていない数字を、DuPontの2017年度の英文決算書から探します。

　DuPontの2017年度の英文決算書の「Index to the Consolidated Financial Statesments」に、今回の目的にピッタリの損益計算書が開示されています。

図5-2-3　DuPontの2017年損益計算書

E. I. du Pont de Nemours and Company
Consolidated Financial Statements

CONSOLIDATED STATEMENTS OF OPERATIONS

	Successor	Predecessor		
(In millions, except per share amounts)	For the Period September 1 through December 31, 2017	For the Period January 1 through August 31, 2017	For the Year Ended December 31, 2016	For the Year Ended December 31, 2015
Net sales	$ 7,059	$ 17,281	$ 29,209	$ 23,657
Cost of goods sold	6,165	10,205	13,955	14,591
Other operating charges		504	667	434
Research and development expense	473	1,064	1,502	1,735
Selling, general and administrative expenses	1,101	3,306	4,143	4,428
Amortization of intangibles	389			
Restructuring and asset related charges - net	180	323	556	795
Integration and separation costs	314			
Sundry income - net	90	166	707	690
Interest expense	107	254	370	342
(Loss) Income from continuing operations before income taxes	(1,586)	1,791	2,723	2,022
(Benefit) from) provision for income taxes on continuing operations	(2,673)	149	641	575
Income from continuing operations after income taxes	1,087	1,642	2,082	1,447
(Loss) Income from discontinued operations after income taxes	(77)	119	443	512
Net income	1,010	1,761	2,525	1,959
Net income attributable to noncontrolling interests	—	20	12	6
Net income attributable to DuPont	$ 1,010	$ 1,741	$ 2,513	$ 1,953
Basic earnings per share of common stock:				
Basic earnings per share of common stock from continuing operations		$ 1.86	$ 2.36	$ 1.60
Basic earnings per share of common stock from discontinued operations		0.13	0.51	0.57
Basic earnings per share of common stock		$ 2.00	$ 2.87	$ 2.17
Diluted earnings per share of common stock:				
Diluted earnings per share of common stock from continuing operations		$ 1.85	$ 2.35	$ 1.59
Diluted earnings per share of common stock from discontinued operations		0.13	0.50	0.57
Diluted earnings per share of common stock		$ 1.99	$ 2.85	$ 2.16
Dividends declared per share of common stock		$ 1.14	$ 1.52	$ 1.72

出所：DuPont 10-K

　DuPontが開示している連結損益計算書は、2017年を合併日までと合併日以後に分けて開示しています。その日本語訳を図5-2-4に示します。

5-2　比較する資料を作成する

図5-2-4　DuPontの2017年連結損益計算書の日本語訳（参考）

E. I. du Pont de Nemours and Company
連結損益計算書

（単位:百万円※）	存続会社	被合併会社		
	9月1日から 12月31日の期間 2017	1月1日から 8月31日の期間 2017	12月31日に 終了する事業年度 2016	12月31日に 終了する事業年度 2015
売上高	705,300	1,728,100	2,320,900	2,365,700
売上原価	616,500	1,020,500	1,395,500	1,459,100
他の営業費用		50,400	66,700	43,400
研究開発費	47,300	106,400	150,200	173,500
販売費および一般管理費	110,100	330,600	414,300	442,800
無形固定資産償却費	38,900			
構造改革、資産関連費用	18,000	32,300	55,600	79,500
統合・分割費用	31,400			
雑収入	9,000	16,600	70,700	69,000
支払利息	10,700	25,400	37,000	34,200
継続事業による税引前当期利益	(158,600)	179,100	272,300	202,200
継続事業にかかる税金費用	(267,300)	14,900	64,100	57,500
継続事業による当期純利益	108,700	164,200	208,200	144,700
非継続事業からの損失	(7,700)	11,900	44,300	51,200
当期純利益	101,000	176,100	252,500	195,900
非支配持分に帰属する当期純利益		2,000	1,200	600
親会社株主に帰属する当期純利益	101,000	174,100	251,300	195,300

※1ドル100円で換算　　　　　　　　　　　　　　　　　出所：DuPont 10-Kをもとに筆者作成

　先ほどのDowDuPontのConsolidated statements of income（連結損益計算書）には、DuPontの2016年の損益、2017年1月から8月の損益が含まれていませんでした。よって、DuPontのConsolidated statements of income（連結損益計算書）からこの損益部分を加えれば、年度ごとに比較評価が可能な資料ができます。

◆ 修正損益計算書

DuPontの2016年の損益と、2017年1月から8月の損益を加えた損益計算書を図5-2-5に示します。

図5-2-5　修正損益計算書

修正連結損益計算書

(In millions, except per share amounts) For the years ended Dec 31,)	DowDuPont,INC. 2018	DowDuPont,INC.+ E. I. du Pont de Nemours and Company（For the Period Janualy 1 through August 31）2017	DowDuPont,INC.+ E. I. du Pont de Nemours and Company 2016
Net sales	85,977	79,765	71,367
Cost of sales	65,333	59,996	51,623
Other operating charge	⑤	504	667
Research and development expenses	3,060	3,205	3,095
Selling, general and administrative expenses	6,709	7,370	7,096
Amortization of intangibles	1,903	1,013	544
Restructuring, goodwill impairment and asset related charges - net	② 1,105	3,603	1,151
Integration and separation costs	2,463	1,101	349
Asbestos-related charge	③		1,113
Equity in earnings of nonconsolidated affiliates	④ 1,001	764	442
Sundry income（expense）- net	592	583	2,193
Interest expense and amortization of debt discount	1,504	1,336	1,228
Income from continuing operations before income taxes	5,493	2,984	7,136
Provision（Credit）for income taxes on continuing operations	1,489	(327)	650
Income from continuing operations, net of tax	4,004	3,311	6,486
Loss from discontinued operations, net of tax	(5)	42	443
Net income	3,999	3,353	6,929
Net income attributable to noncontrolling interests	155	152	98
Net income attributable to DowDuPont Inc.	3,844	3,201	6,831
Preferred stock dividends			340
Net income available for DowDuPont Inc. common stockholders	① 3,844	3,201	6,491

出所：DowDuPont 10-K、DuPont 10-Kをもとに筆者作成

DuPontの損益を考慮した修正連結損益計算書を見ると、Net sales（売上高）は2016年から順調に増えていますが、Net income available for DowDuPont Inc. common stockholders（純利益）は2016年の50〜60％程度になっています（図5-2-5囲み①）。

これは、2017年度、2018年度の「Restructuring, goodwill impairment and asset related charges – net（構造改革、のれん、減損、資産関連費用）」「Integration and separation costs（統合・分割費用）」が大きいからです（図5-2-5囲み②）。**この2つは合併に要した特別な費用ですので、合併の評価からは除きましょう。**

2016年に計上されている「Asbestos-related charge（アスベスト関連費用）」は、この年度だけに計上されている特別な費用と考えられるため、合併の評価から除きます（図5-2-5囲み③）。

「Equity in earnings of nonconsolidated affiliates（持分法による投資利益）」も、合併の成果とはほとんど関係のない項目ですので、評価用損益計算書からは除きます（図5-2-5囲み④）。

また、DuPontが2016年、2017年に使用していた「Other operating charge（他の営業費用）」は、DowDuPontの損益計算書では使用されていませんので、「Selling, general and administrative expenses（販売費および一般管理費）」に含めます（図5-2-5囲み⑤）。

以上の整理を行い、非継続事業を除いた評価用連結損益計算書と、その日本語訳を図5-2-6に示します。この資料を用いれば、合併の効果を正確に分析することができます。

図5-2-6　評価用連結損益計算書と、その日本語訳

評価用連結損益計算書

（In millions）For the years ended Dec 31,)	DowDuPont,INC. 2018	DowDuPont,INC.+ E. I. du Pont de Nemours and Company（For the Period Janualy 1 through August 31） 2017	DowDuPont,INC.+ E. I. du Pont de Nemours and Company 2016
Net sales	85,977	79,765	71,367
Cost of sales	65,333	59,996	51,623
Research and development expenses	3,060	3,205	3,095
Selling, general and administrative expenses	6,709	7,874	7,763
Amortization of intangibles	1,903	1,013	544
Sundry income（expense）- net	592	583	2,193
Interest expense and amortization of debt discount	1,504	1,336	1,228
Income from continuing operations before income taxes	8,060	6,924	9,307
Provision（Credit）for income taxes on continuing operations	1,489	（327）	650
Income from continuing operations, net of tax	6,571	7,251	8,657

評価用連結損益計算書（日本語訳）

（単位:百万円※12月31日に終了する事業年度）	DowDuPont社 2018	DowDuPont社と du Pont社（1月1日から8月31日の期間） 2017	DowDuPont社と Du Pont社 2016
売上高	8,597,700	7,976,500	7,136,700
売上原価	6,533,300	5,999,600	5,162,300
研究開発費	306,000	320,500	309,500
販売費および一般管理費	670,900	787,400	776,300
無形固定資産償却費	190,300	101,300	54,400
雑収入	59,200	58,300	219,300
支払利息と社債割引料の償却	150,400	133,600	122,800
継続事業による税引前当期利益	806,000	692,400	930,700
継続事業にかかる税金費用	148,900	（32,700）	65,000
継続事業による当期純利益	657,100	725,100	865,700

※1ドル100円で換算　　　　　　　　　　　　　　　出所：DowDuPont 10-K、DuPont 10-Kをもとに筆者作成

5-3 合併の業績への影響を分析する

◆成長率計算

合併の効果を検討するために作成した評価用連結損益計算書を見ると、Net sales（売上高）は成長していますが、当期純利益はむしろ減少しています。

合併の業績への影響を分析するには、基準年度を1つ取り、そこからどれだけ数値が推移したのかを見ることが有効です。

DowDuPontの合併後の成長率を計算してみましょう。基準年度は合併前の2016年度とします。

図5-3-1　DowDuPontの合併後の成長率

12月31日に終了する事業年度	DowDuPont社 2018	DowDuPont社とDuPont社（1月1日から8月31日の期間）2017	DowDuPont社とDuPont社 2016
Net sales（売上高）	① 120.5%	111.8%	100.0%
Cost of sales（売上原価）	③ 126.6%	116.2%	100.0%
Research and development expenses（研究開発費）	98.9%	103.6%	100.0%
Selling, general and administrative expenses（販売費および一般管理費）	86.4%	101.4%	100.0%
Amortization of intangibles（無形固定資産償却費）	④ 349.8%	186.2%	100.0%
Sundry income (expense) - net（雑収入）	27.0%	26.6%	100.0%
Interest expense and amortization of debt discount（支払利息と社債割引料の償却）	122.5%	108.8%	100.0%
Income from continuing operations before income taxes（継続事業による税引前当期利益）	86.6%	74.4%	100.0%
Provision (Credit) for income taxes on continuing operations（継続事業にかかる税金費用）	229.1%	-50.3%	100.0%
Income from continuing operations, net of tax（継続事業による当期純利益）	② 75.9%	83.8%	100.0%

出所：DowDuPont 10-K、DuPont 10-Kをもとに筆者作成

成長率を見ると、合併によって業績が良くなっていないことがはっきりわかります。

2018年、Net sales（売上高）は20.5％伸びましたが（図5-3-1囲み①）、Income from continuing operateions,net of tax（継続事業の利益）は24.1％も減少しています（図5-3-1囲み②）。これは構造改革、統合、分割に要する費用を除いた数字ですから、実際の業績はさらに悪いことになります。

利益が減少した原因を見ていきましょう。大きいのは、Cost of sales（売上原価）の伸びです。Net sales（売上）が20.5％しか伸びていないのに、Cost of sales（売上原価）は26.6％も伸びています（図5-3-1囲み③）。Amortization of intangibles（無形固定資産償却費）が249.8％増えている（図5-3-1囲み④）のも、利益を減らしている原因です。

◇ 減益の原因を読み解く

合併後の利益が減少しているのは、Cost of sales（売上原価）とAmortization of intangibles（無形固定資産償却費）が売上の成長以上に増えているためとわかりました。そこで、**英文決算書を詳細に読み、Cost of sales（売上原価）とAmortization of intangibles（無形固定資産償却費）が増えている原因をつきとめましょう。**最初はCost of sales（売上原価）です。

売上原価についてはセグメント情報を利用し、Cost of sales（売上原価）が比較的伸びているセグメントを見つけられれば問題は解決です。しかし残念なことに、DowDuPontはセグメント情報でセグメントごとの売上原価を開示していません。そこで、英文決算書の中でCost of sales（売上原価）の説明をしている部分を探します。英文決算書の「ITEM 7. MANAGEMENT'S DISCUSSION AND ANALYSIS OF FINANCIAL CONDITION AND RESULTS OF OPERATIONS」に、売上原価についての記載があります。

5-3 合併の業績への影響を分析する

▼2018年DowDuPont英文決算書より

Cost of Sales

Cost of sales was $65.3 billion in 2018, up from $49.8 billion in 2017. Cost of sales increased in 2018 primarily due to the Merger, increased sales volume, which reflected additional capacity from U.S. Gulf Coast growth projects and increased supply from Sadara, higher feedstock and other raw material costs and increased planned maintenance turnaround costs, which more than offset lower commissioning expenses related to U.S. Gulf Coast growth projects and cost synergies. Cost of sales in 2018 was negatively impacted by a $1,628 million charge for the fair value step-up of inventories in the Merger and the acquisition of the H&N Business, related to Agriculture ($1,554 million), Packaging & Specialty Plastics ($2 million), Nutrition & Biosciences ($67 million) and Safety & Construction ($5 million). Cost of sales as a percentage of sales was 76.0 percent compared with 79.7 percent in 2017.

▼日本語訳

売上原価

売上原価は2017年の49.8十億ドル（4兆9,800億円）から、2018年は65.3十億ドル（6兆5,300億円）になりました。売上原価は主に合併と売上の増大によって、増加しました。米国の湾岸成長計画（会社は安価な天然ガス等を得るため、アメリカの湾岸部に投資を行っている）による追加的供給、サダラ化学社からの供給の増加、より高い工業用原料と通常の原料コスト、そして定期修理費の増加が影響しています。これらの費用は、米国の湾岸成長計画に関連する比較的低い委託費と営業費用の削減を上まわりました。2018年の売上原価は、H&Nビジネスの買収により、棚卸資産の公正価値が1,628百万ドル（1,628億円）上昇したことによって、悪影響を受けています。それぞれの影響額は、Agriculture（農業）部門（1,554百万ドル（1,554億円））、Packaging &

169

Specialty Plastics（包装と特殊プラスチック）部門（2百万ドル（2億円））、Nutrition & Biosciences（栄養摂取と生物科学）部門（67百万ドル（67億円））、Safety & Construction（安全と建造技術）部門（5百万ドル（5億円））です。売上原価率は、2017年の79.7%に対して76.0%になっています。（1ドル100円で換算）

　これを読むと、H&MビジネスのM&Aによって1,628百万ドル Cost of sales（売上原価）の増加があったことがわかりますが、Cost of sales（売上原価）の成長への影響は「1,628百万ドル÷51,623百万ドル=3.1%」しかありませんので、**より高い工業用原料と通常の原料コスト、そして定期修理費の増加の方が、売上原価の増大した主な原因と考えていいでしょう。**

◆ 無形固定資産償却費の原因は？

　Intangible assets（無形固定資産）については、「ITEM 8. FINANCIAL STATEMENTS AND SUPPLEMENTARY DATA」の「NOTE 13 - GOOD-WILL AND OTHER INTANGIBLE ASSETS」に詳しく開示されています。
　2018年のDowDuPontの英文決算書に記載されている償却費の内訳（図5-3-2）のうち、Other intangible assets,excluding software（ソフトウェアを除くその他の無形固定資産の償却費）の金額1,903百万ドル（図5-3-2囲み）は、2018年の損益計算書の無形固定資産償却費と一致します。したがって、**損益計算書に計上されている無形固定資産償却費は、全額がソフトウェアを除くその他の無形固定資産の償却費であることがわかります。**

図5-3-2　無形固定資産償却費内訳

Amortization Expense In millions	2018		2017		2016	
Other intangible assets, excluding software	$	1,903	$	1,013	$	544
Software, included in "Cost of sales"	$	100	$	87	$	73

出所：DowDuPont 10-K

5-3 合併の業績への影響を分析する

無形固定資産償却費の増えた理由を知るため、Other intangible assets（その他の無形固定資産増減表）（図5-3-3）を確認します。

図5-3-3 DowDuPont2018年度無形固定資産増減表

Other Intangible Assets

The following table provides information regarding the Company's other intangible assets:

Other Intangible Assets	Dec 31, 2018			Dec 31, 2017		
In millions	Gross Carrying Amount	Accum Amort	Net	Gross Carrying Amount	Accum Amort	Net
Intangible assets with finite lives:						
Developed technology	$ 7,761	$ (2,562)	$ 5,199	$ 7,627	$ (1,834)	$ 5,793
Software	1,529	(876)	653	1,420	(780)	640
Trademarks/trade names	1,772	(745)	1,027	1,814	(596)	1,218
Customer-related	14,236	(2,895)	11,341	14,537	(2,151)	12,386
Microbial cell factories	386	(22)	364	397	(6)	391
Favorable supply contracts	475	(111)	364	495	(17)	478
Other [1]	620	(203)	417	703	(166)	537
Total other intangible assets with finite lives	$ 26,779	$ (7,414)	$ 19,365	$ 26,993	$ (5,550)	$ 21,443
Intangible assets with indefinite lives:						
IPR&D [2]	594	—	594	710	—	710
Germplasm	6,265	—	6,265	6,265	—	6,265
Trademarks/trade names	4,741	—	① 4,741	4,856	—	② 4,856
Total other intangible assets	$ 38,379	$ (7,414)	$ 30,965	$ 38,824	$ (5,550)	$ 33,274

1. Primarily consists of sales and farmer networks, marketing and manufacturing alliances and noncompetition agreements.
2. Refer to discussion of interim impairment test that follows.

出所：DuPont 10-K

Total other intangible assets（その他無形固定資産の残高）を見ると、2018年度30,965百万ドル、2017年度33,274百万ドルで大きな違いはありません（図5-3-3囲み①②）。2016年度と2017年度で大きな増加はなかったのでしょうか？

2016年度と2017年度の違いを確かめるため、2017年度DowDuPontの英文決算書を見てみます。Other intangible assets（その他の無形固定資産増減表）（図5-3-4）は先ほどと同じ「ITEM 8. FINANCIAL STATEMENTS AND SUPPLEMENTARY DATA」の「NOTE 13 - GOODWILL AND OTHER INTANGIBLE ASSETS」に開示されています。

171

図5-3-4　DowDuPont2017年度、その他の無形固定資産増減表

Other Intangible Assets

The following table provides information regarding the Company's other intangible assets:

Other Intangible Assets [1]	Dec 31, 2017			Dec 31, 2016		
In millions	Gross Carrying Amount	Accum Amort	Net	Gross Carrying Amount	Accum Amort	Net
Intangible assets with finite lives:			①			①
Developed technology	$ 7,627	$ (1,834)	$ 5,793	$ 3,254	$ (1,383)	$ 1,871
Software	1,420	(780)	640	1,336	(696)	640
Trademarks/tradenames	1,814	(596) ②	1,218	696	(503) ②	193
Customer-related	14,537	(2,151) ③	12,386	4,806	(1,567) ③	3,239
Microbial cell factories [2]	397	(6)	391	—	—	—
Favorable supply contracts [3]	495	(17)	478	—	—	—
Other [4]	703	(166)	537	168	(146)	22
Total other intangible assets with finite lives	$ 26,993	$ (5,550)	$ 21,443	$ 10,260	$ (4,295)	$ 5,965
Intangible assets with indefinite lives:						
In-process research and development ("IPR&D")	710	—	710	61	—	61
Germplasm [5]	6,265	—	6,265	—	—	—
Trademarks/tradenames	4,856	—	4,856	—	—	—
Total other intangible assets	$ 38,824	$ (5,550)	$ 33,274	$ 10,321	$ (4,295)	$ 6,026

1. Prior year data has been updated to conform with the current year presentation.

出所：DowDuPont 10-K

　図5-3-4を見ると、償却資産が大幅に増えています。Developed technolo-gy（開発技術）が1,871百万ドルから5,793百万ドル（図5-3-4囲み①）、Trademarks（商標権）が193百万ドルから1,218百万ドル（図5-3-4囲み②）、Customer-related（顧客関連）が3,239百万ドルから12,386百万ドルになっています（図5-3-4囲み③）。

　ここで、5-1で学んだことを思い出してください。**合併の効果を分析するには、どの財務諸表にどの企業が含まれているのかを意識することが最も重要でした。**合併手続が完了した日は2017年8月31日です。そのため、2017年度末の連結貸借対照表にDuPontの資産は含まれていますが、2016年度末にDuPontの資産は含まれていません。ですから、前述の増加はDuPontの無形固定資産が加えられた結果に過ぎないかもしれません。

　それを確かめるために、2017年度 DuPontの英文決算書を見てみます。Other intangible assets（その他の無形固定資産増減表）（図5-3-5）は先ほどと少し異なり、「ITEM 8. FINANCIAL STATEMENTS AND SUPPLEMEN-TARY DATA」の「NOTE 12 - GOODWILL AND OTHER INTANGIBLE

ASSETS」に開示されています。

図5-3-5　DuPont2017年度無形固定資産増減表

E. I. du Pont de Nemours and Company
Notes to the Consolidated Financial Statements (continued)

Other Intangible Assets
The gross carrying amounts and accumulated amortization of other intangible assets by major class are as follows:

(in millions)	Successor December 31, 2017			Predecessor December 31, 2016		
	Gross	Accumulated Amortization	Net	Gross	Accumulated Amortization	Net
Intangible assets subject to amortization (Definite-lived):						
Customer-related	$ 9,502	$ (186)	$ 9,316	$ 1,574	$ (586)	$ 988
Developed technology	4,364	(144)	4,220	1,410	(838)	572
Trademarks/trade names	1,117	(26)	1,091	53	(15)	38
Favorable supply contracts¹	495	(17)	478			
Microbial cell factories²	397	(6)	391			
Other²	459	(10)	449	171	(82)	89
Total other intangible assets with finite lives	16,334	(389)	15,945	3,208	(1,521)	1,687
Intangible assets not subject to amortization (Indefinite-lived):						
In-process research and development ("IPR&D")	660	—	660	73	—	73
Microbial cell factories²				306	—	306
Germplasm²	6,265	—	6,265	1,053	—	1,053
Trademarks / trade names	4,856	—	4,856	545	—	545
Total other intangible assets	11,781	—	11,781	1,977	—	1,977
Total	$ 28,115	$ (389)	$ 27,726	$ 5,185	$ (1,521)	$ 3,664

出所：DuPont 10-K

DuPont2017年度 Other intangible assets（その他の無形固定資産増減表）（図5-3-5）を見ると、DuPontでも無形固定資産が増えたことがわかります。DowDuPont、DuPontの無形固定資産（償却資産）の簿価の増減を、図5-3-6にまとめます。

図5-3-6　DowDuPont、DuPont無形固定資産（償却資産）簿価の増減

（単位：百万ドル）

無形固定資産（償却資産）	提出会社	2017年	2016年	増加額
Developed technology （開発技術）	DowDuPont社	5,793	1,871	3,922
	DuPont社	4,220	572	3,648
Software （ソフトウェア）	DowDuPont社	640	640	0
	DuPont社			
Trademarks/tradenames （商標権）	DowDuPont社	1,218	193	1,025
	DuPont社	1,091	38	1,053
Customer-related （顧客関連）	DowDuPont社	12,386	3,239	9,147
	DuPont社	9,316	988	8,328
Microbial cell factories （微生物細胞工場）	DowDuPont社	391		391
	DuPont社	391		391
Favorable supply contracts （供給契約）	DowDuPont社	478		478
	DuPont社	478		478
Other （その他）	DowDuPont社	537	22	515
	DuPont社	449	89	360
計	DowDuPont社	21,443	5,965	15,478
	DuPont社	15,945	1,687	14,258

出所：DowDuPont 10-K、DuPont 10-Kをもとに筆者作成

図5-3-6を見ると、**2017年にDowDuPontの無形固定資産が増加したのは、DuPontの無形固定資産が2017年に増加したからだとわかります。**

　連結損益計算書を分析した結果、合併により売上高は成長しました。しかし、より高い工業用原料と通常の原料コストそして定期修理費の増加の結果、売上原価は増大。さらに、DuPontの無形固定資産が増加したことによる償却費増加のため、**合併による臨時的な費用を考慮しても、当期利益は合併前より減少しているということがわかりました。**

5-4
事業効率を分析する

◆ 事業効率を測定するには

　合併の結果、利益が大きく伸びなかったとしても、資産がスリム化して事業効率が良くなったとすると、合併にはそれなりの効果があったことになります。

　投資された資金を活用して、どれだけの成果を上げたかを表す代表的な指標として、ROEとROAがあります。

　確認の意味も込めて、簡単に説明しておきます。

○ ROE（Return On Equity）

　ROEはReturn On Equityの略称です。日本語では自己資本利益率と訳されます。自己資本（純資産）に対してどれだけの利益が生み出されたのかを示す、財務分析の指標です。ROEは次の数式で計算されます。

$$\text{ROE（\%）} = \frac{\text{当期利益}}{\text{自己資本}} \times 100$$

○ ROA（Return On Assets）

　ROAはReturn On Assetsの略称です。日本語では総資本利益率と訳されます。総資本（負債＋純資産）に対してどれだけの利益が生み出されたのかを示す、財務分析の指標です。ROAは次の数式で計算されます。

$$\text{ROA（\%）} = \frac{\text{当期利益}}{\text{総資産}} \times 100$$

第5章　Dow ChemicalとDuPontの合併は経営効率を上げたのか

ROEとROAの違いは、投下した資金を株主の持ち分である自己資本の
みと考えるか、銀行からの借入金など他人資本も含めて考えるかの違いで
す。**企業に投資された資金を活用して、どれだけの成果を上げたかを表す
指標という点では同じです。**

　DowDuPontの自己資本は合併により大きく変動していますので、本書で
はROAを計算して、合併による事業効率の変化を確かめます。

◆ 総資産の計算

　総資産は期を通して変化しますので、通常は期首総資産と期末総資産の
平均で総資産を計算します。

　最初に、2018年度のDowDuPontの貸借対照表を概観します（図5-4-1）。

　また参考までに、DowDuPontの貸借対照表の日本語訳を図5-4-2に示し
ます。

　5-1で説明したように、2018年、2017年のDowDuPontの貸借対照表は、
DuPontの資産、負債、資本をすべて含んでいます。**一方、合併前の2016
年、2015年の貸借対照表は、DuPontの資産、負債、資本を一切含んでい
ません。だから、総資産を改めて計算する必要があるのです。**

　総資産の金額を計算するため、Dow Chemical、DuPontの2016年英文決
算書を参照します。Dow Chemicalの2016年連結貸借対照表を図5-4-3に、
DuPontの2016年連結貸借対照表を図5-4-4に示します。

5-4 事業効率を分析する

図5-4-1　DowDuPontの2018年、2017年貸借対照表

DowDuPont Inc.
Consolidated Balance Sheets

(In millions, except share amounts) At Dec 31,	2018	2017
Assets		
Current Assets		
Cash and cash equivalents (variable interest entities restricted - 2018: $82; 2017: $107)	$ 13,482	$ 13,438
Marketable securities	134	956
Accounts and notes receivable:		
Trade (net of allowance for doubtful receivables - 2018: $191; 2017: $127)	12,376	11,314
Other	4,963	5,579
Inventories	16,621	16,992
Other current assets	2,027	1,614
Total current assets	49,603	49,893
Investments		
Investment in nonconsolidated affiliates	5,204	5,336
Other investments (investments carried at fair value - 2018: $1,699; 2017: $1,512)	2,701	2,564
Noncurrent receivables	477	680
Total investments	8,382	8,580
Property		
Property	75,343	73,304
Less accumulated depreciation	39,495	37,057
Net property (variable interest entities restricted - 2018: $734; 2017: $907)	35,848	36,247
Other Assets		
Goodwill	59,032	59,527
Other intangible assets (net of accumulated amortization - 2018: $7,414; 2017: $5,550)	30,965	33,274
Deferred income tax assets	1,724	1,869
Deferred charges and other assets	2,476	2,774
Total other assets	94,197	97,444
Total Assets	$ 188,030	$ 192,164
Liabilities and Equity		
Current Liabilities		
Notes payable	$ 2,165	$ 1,948
Long-term debt due within one year	637	2,067
Accounts payable:		
Trade	9,457	9,134
Other	3,656	3,727
Income taxes payable	857	843
Accrued and other current liabilities	7,943	8,409
Total current liabilities	24,715	26,128
Long-Term Debt (variable interest entities nonrecourse - 2018: $75; 2017: $249)	37,662	30,056
Other Noncurrent Liabilities		
Deferred income tax liabilities	5,435	6,266
Pension and other postretirement benefits - noncurrent	15,909	18,581
Asbestos-related liabilities - noncurrent	1,142	1,237
Other noncurrent obligations	6,988	7,969
Total other noncurrent liabilities	29,474	34,053
Stockholders' Equity		
Common stock (authorized 5,000,000,000 shares of $0.01 par value each; issued 2018: 2,352,430,301 shares; 2017: 2,341,455,518 shares)	24	23
Additional paid-in capital	81,960	81,257
Retained earnings	30,536	29,211
Accumulated other comprehensive loss	(12,394)	(8,972)
Unearned ESOP shares	(134)	(189)
Treasury stock at cost (2018: 83,452,554 shares; 2017: 14,123,049 shares)	(5,421)	(1,000)
DowDuPont's stockholders' equity	94,571	100,330
Noncontrolling interests	1,608	1,597
Total equity	96,179	101,927
Total Liabilities and Equity	$ 188,030	$ 192,164

See Notes to the Consolidated Financial Statements.

出所：DowDuPont 10-K

図5-4-2　DowDuPontの2018年、2017年貸借対照表の日本語訳（参考）

DowDuPont Inc.
連結貸借対照表

単位：百万円※12月31日	2018	2017
資産		
流動資産		
現金及び現金同等物	1,348,200	1,343,800
有価証券	13,400	95,600
受取手形及び売掛金		
営業	1,237,600	1,131,400
営業外	496,300	557,900
棚卸資産	1,662,100	1,699,200
その他流動資産	202,700	161,400
流動資産計	4,960,300	4,989,300
投資		
非連結子会社株式	520,400	533,600
他の投資	270,100	256,400
長期未収入金	47,700	68,000
投資計	838,200	858,000
有形固定資産		
有形固定資産	7,534,300	7,330,400
減価償却累計額	3,949,500	3,705,700
有形固定資産	3,584,800	3,624,700
その他資産		
のれん	5,903,200	5,952,700
他の無形固定資産	3,096,500	3,327,400
繰延税金資産	172,400	186,900
繰延費用その他資産	247,600	277,400
その他の資産計	9,419,700	9,744,400
資産合計	18,803,000	19,216,400

5-4　事業効率を分析する

負債及び純資産		
流動負債		
支払手形	216,500	194,800
1年以内返済予定借入金	63,700	206,700
買掛金		
営業	945,700	913,400
営業外	365,600	372,700
未払法人税等	85,700	84,300
未払その他流動負債	794,300	840,900
流動負債計	2,471,500	2,612,800
固定負債	3,766,200	3,005,600
他の固定負債		
繰延税金負債	543,500	626,600
退職給付債務	1,590,900	1,858,100
アスベスト関連負債	114,200	123,700
他の固定債務　固定負債計	698,800	796,900
固定負債計	2,947,400	3,405,300
株主純資産		
資本金	2,400	2,300
資本準備金	8,196,000	8,125,700
利益剰余金	3,053,600	2,921,100
その他包括損失	（1,239,400）	（897,200）
ESOP 保有自社株	（13,400）	（18,900）
自己株式	（542,100）	（100,000）
株主資本計	9,457,100	10,033,000
非支配持分	160,800	159,700
純資産	9,617,900	10,192,700
純資産計	18,803,000	19,216,400

※1ドル100円で換算　　　　　　　　　　　　　　　出所：DowDuPont 10-Kをもとに筆者作成

図5-4-3　Dow Chemicalの2016年連結貸借対照表

The Dow Chemical Company and Subsidiaries
Consolidated Balance Sheets

(In millions, except share amounts) At December 31	2016	2015
Assets		
Current Assets		
Cash and cash equivalents (variable interest entities restricted - 2016: $75; 2015: $158)	$ 6,607	$ 8,577
Accounts and notes receivable:		
Trade (net of allowance for doubtful receivables - 2016: $110; 2015: $94)	4,666	4,078
Other	4,358	3,768
Inventories	7,363	6,871
Other current assets	665	647
Total current assets	23,659	23,941
Investments		
Investment in nonconsolidated affiliates	3,747	3,958
Other investments (investments carried at fair value - 2016: $1,959; 2015: $1,866)	2,969	2,923
Noncurrent receivables	708	816
Total investments	7,424	7,697
Property		
Property	57,438	50,802
Less accumulated depreciation	33,952	32,948
Net property (variable interest entities restricted - 2016: $961; 2015: $1,717)	23,486	17,854
Other Assets		
Goodwill	15,272	12,154
Other intangible assets (net of accumulated amortization - 2016: $4,295; 2015: $3,770)	6,026	3,617
Deferred income tax assets	3,079	2,140
Deferred charges and other assets	565	535
Total other assets	24,942	18,446
Total Assets	$ 79,511	$ 67,938
Liabilities and Equity		
Current Liabilities		
Notes payable	$ 272	$ 454
Long-term debt due within one year	635	541
Accounts payable:		
Trade	4,519	3,577
Other	2,401	2,287
Income taxes payable	600	452
Dividends payable	508	592
Accrued and other current liabilities	3,669	3,212
Total current liabilities	12,604	11,115
Long-Term Debt (variable interest entities nonrecourse - 2016: $330; 2015: $487)	20,456	16,215
Other Noncurrent Liabilities		
Deferred income tax liabilities	923	587
Pension and other postretirement benefits - noncurrent	11,375	9,119
Asbestos-related liabilities - noncurrent	1,364	387
Other noncurrent obligations	5,560	4,332
Total other noncurrent liabilities	19,222	14,425
Stockholders' Equity		
Preferred stock, series A (issued $1.00 par, $1,000 liquidation preference; outstanding 2016: zero; 2015: 4,000,000 shares)	—	4,000
Common stock (authorized 1,500,000,000 shares of $2.50 par value each; issued 2016: 1,242,794,836 shares; 2015: 1,242,794,836 shares)	3,107	3,107
Additional paid-in capital	4,262	4,936
Retained earnings	30,338	28,425
Accumulated other comprehensive loss	(9,822)	(8,667)
Unearned ESOP shares	(239)	(272)
Treasury stock at cost (2016: 31,661,501 shares; 2015: 125,853,161 shares)	(1,659)	(6,155)
The Dow Chemical Company's stockholders' equity	25,987	25,374
Noncontrolling interests	1,242	809
Total equity	27,229	26,183
Total Liabilities and Equity	$ 79,511	$ 67,938

See Notes to the Consolidated Financial Statements.

出所：Dow Chemical 10-K

図5-4-4　DuPontの2016年貸借対照表

E. I. du Pont de Nemours and Company
Consolidated Financial Statements

CONSOLIDATED BALANCE SHEETS
(Dollars in millions, except per share)

December 31,	2016	2015
Assets		
Current assets		
Cash and cash equivalents	$ 4,605	$ 5,300
Marketable securities	1,362	906
Accounts and notes receivable, net	4,971	4,643
Inventories	5,673	6,140
Prepaid expenses	506	398
Total current assets	17,117	17,387
Property, plant and equipment	23,967	24,130
Less: Accumulated depreciation	14,736	14,346
Net property, plant and equipment	9,231	9,784
Goodwill	4,180	4,248
Other intangible assets	3,664	4,144
Investment in affiliates	649	688
Deferred income taxes	3,308	3,799
Other assets	1,815	1,116
Total	$ 39,964	$ 41,166
Liabilities and Equity		
Current liabilities		
Accounts payable	$ 3,705	$ 3,398
Short-term borrowings and capital lease obligations	429	1,165
Income taxes	101	173
Other accrued liabilities	4,662	5,580
Total current liabilities	8,897	10,316
Long-term borrowings and capital lease obligations	8,107	7,642
Other liabilities	12,333	12,591
Deferred income taxes	431	417
Total liabilities	29,768	30,966
Commitments and contingent liabilities		
Stockholders' Equity		
Preferred stock, without par value – cumulative; 23,000,000 shares authorized; issued at December 31, 2016 and 2015:		
$4.50 Series – 1,673,000 shares (callable at $120)	167	167
$3.50 Series – 700,000 shares (callable at $102)	70	70
Common stock, $.30 par value; 1,800,000,000 shares authorized; issued at December 31, 2016 – 950,044,000; 2015 – 958,388,000	285	288
Additional paid-in capital	11,190	11,081
Reinvested earnings	14,924	14,510
Accumulated other comprehensive loss	(9,911)	(9,396)
Common stock held in treasury, at cost (Shares: December 31, 2016 and 2015 – 87,041,000)	(6,727)	(6,727)
Total DuPont stockholders' equity	9,998	9,993
Noncontrolling interests	198	207
Total equity	10,196	10,200
Total	$ 39,964	$ 41,166

See Notes to the Consolidated Financial Statements beginning on page F-9.

出所：DuPont 10-K

これでROAを計算する基礎データが集まりました。
最初に各期末の平均総資産を求めます。

図5-4-5　貸借対照表の総資産（単位：百万ドル）

	2015	2016	2017	2018
DowDuPont			192,164	188,030
Dow Chemical	67,938	79,511		
DuPont	41,166	39,964		
計	109,104	119,475	192,164	188,030

出所：DowDuPont 10-K, Dow Chemical 10-K, DuPont 10-Kをもとに筆者作成

　2017年、総資産が急激に増えています。これはDuponを合併したことによって、Goodwill（のれん）が40,075百万ドル、Other intangible assets（その他無形固定資産）が23,584百万ドル増えたためで、開示内容に問題はないと判断できます（図5-4-6）。

図5-4-6　総資産の主な増加（単位：百万ドル）

	2016	2017	増減
Goodwill（のれん）	19,452	59,527	40,075
（内訳）			
DowDuPont		59,527	
Dow Chemical	15,272		
DuPont	4,180		
Other intangible assets			
（その他無形固定資産）	9,690	33,274	23,584
（内訳）			
DowDuPont		33,274	
Dow Chemical	6,026		
DuPont	3,664		
計	29,142	92,801	63,659

出所：DowDuPont 10-K, Dow Chemical 10-K, DuPont 10-Kをもとに筆者作成

　図5-4-5の数値を用いて、各年度の平均総資産を計算します。

5-4　事業効率を分析する

2016年度（109,104百万ドル＋119,475百万ドル）÷2＝114,289.5百万ドル

2017年度（119,475百万ドル＋192,164百万ドル）÷2＝155,819.5百万ドル

2018年度（192,164百万ドル＋188,030百万ドル）÷2＝190,097　百万ドル

◆ROAの計算

総資産の計算ができましたので、ROAを求めます。**当期純利益は合併による臨時費用を除いた金額を使います。**

図5-2-6として掲載した評価用連結損益計算書を再掲します。

図5-4-7　評価用連結損益計算書（再掲）

評価用連結損益計算書

（In millions）For the years ended Dec 31,)	DowDuPont,INC. 2018	DowDuPont,INC.+ E. I. du Pont de Nemours and Company（For the Period Janualy 1 through August 31）2017	DowDuPont,INC.+ E. I. du Pont de Nemours and Company 2016
Net sales	85,977	79,765	71,367
Cost of sales	65,333	59,996	51,623
Research and development expenses	3,060	3,205	3,095
Selling, general and administrative expenses	6,709	7,874	7,763
Amortization of intangibles	1,903	1,013	544
Sundry income（expense）- net	592	583	2,193
Interest expense and amortization of debt discount	1,504	1,336	1,228
Income from continuing operations before income taxes	8,060	6,924	9,307
Provision（Credit）for income taxes on continuing operations	1,489	(327)	650
Income from continuing operations, net of tax	6,571	7,251	8,657

第5章　Dow ChemicalとDuPontの合併は経営効率を上げたのか

183

評価用連結損益計算書（日本語訳）

（単位：百万円※12月31日に終了する事業年度）	DowDuPont社 2018	DowDuPont社と du Pont社（1月1日から8月31日の期間）2017	DowDuPont社と Du Pont社 2016
売上高	8,597,700	7,976,500	7,136,700
売上原価	6,533,300	5,999,600	5,162,300
研究開発費	306,000	320,500	309,500
販売費および一般管理費	670,900	787,400	776,300
無形固定資産償却費	190,300	101,300	54,400
雑収入	59,200	58,300	219,300
支払利息と社債割引料の償却	150,400	133,600	122,800
継続事業による税引前当期利益	806,000	692,400	930,700
継続事業にかかる税金費用	148,900	(32,700)	65,000
継続事業による当期純利益	657,100	725,100	865,700

出所：DowDuPont 10-K、DuPont 10-Kをもとに筆者作成

ROAの計算は次のようになります。

2016年度　8,657百万ドル÷114,289.5百万ドル×100＝7.6%
2017年度　7,251百万ドル÷155,819.5百万ドル×100＝4.7%
2018年度　6,571百万ドル÷190,097　百万ドル×100＝3.5%

　のれん、その他の無形固定資産の増加が影響し、ROAは合併前の半分以下という低い数値になっています。
　実態を確かめるために、のれん、その他の無形資産の増加を除いた総資産でROAを計算してみます。

184

5-4 事業効率を分析する

図5-4-8 のれん、その他の無形資産の増加を考慮した総資産

（単位：百万ドル）

	総資産	のれん、その他の無形固定資産の増加額	差引	評価用総資産（前年度＋当年度）/2
2015年	109,104		109,104	
2016年	119,475		119,475	114,289.5
2017年	192,164	63,659	128,505	123,990
2018年	188,030	60,855	127,175	127,840

出所：DowDuPont 10-K、DuPont 10-Kをもとに筆者作成

修正ROAの計算は、次のようになります。

2016年度　8,657百万ドル÷114,289.5百万ドル×100 = 7.6%
2017年度　7,251百万ドル÷123,990　百万ドル×100 = 5.8%
2018年度　6,571百万ドル÷127,840　百万ドル×100 = 5.1%

のれん、その他無形固定資産の増加を考慮して計算を行いました。それでも、2016年から2018年までのROAは低下しています。

この結果から、合併によってDowDuPontの事業効率は合併前より悪くなっていると判断せざるを得ないでしょう。

第5章 Dow ChemicalとDuPontの合併は経営効率を上げたのか

185

5-5
クロージング：DowDuPontの将来を予測する

◆ 英文決算書から理解したこと

まとめると、英文決算書を通じて次のことがわかりました。

●業績の分析から
・合併により、2018年度 Net sales（売上高）は20.5％成長した。
・一方、合併による臨時費用を考慮しても、2018年度の継続事業による利益は合併前と比べて24.1％減少している。
・利益が減少した原因は、Cost of sales（売上原価）と Amortization of intangibles（無形固定資産償却費）の増大である。
・売上原価の増加は、より高い工業用原料と通常の原料コスト、そして定期修理費の増加が原因だと思われる。
・無形固定資産償却費の増加は、DuPontの無形固定資産 Developed technology（開発技術）、Trademarks（商標権）、Customer-related（顧客関連）の増加が原因だと思われる。

●事業効率の分析から
・合併により、Goodwill（のれん）、Other intangible assets（その他無形固定資産）が63,659百万ドル増えたため、ROAは3.5％に低下した。
・Goodwill（のれん）、Other intangible assets（その他無形固定資産）の増加を考慮した計算を行っても、ROAは5.1％となり、合併前の7.6％と比べて低下している。

◆DowDuPontの将来を予測する

　時価総額ベースで1,300億ドル（13兆円：1ドル100円で換算）という大型合併を完了させたDowDuPontですが、今後の展開はどうなるのでしょうか？
　私は、今しばらくDowDuPontにとって厳しい状況が続くと予想しています。
　理由の1つは、Cost of sales（売上原価）とAmortization of intangibles（無形固定資産償却費）の増大によって純利益が減少していることです。

　ここで重要なのは、純利益を減少させている要因が一時的なものか、継続的なものかという点です。
　Cost of sales（売上原価）の増大原因は、より高い工業用原料と通常の原料コスト、そして定期修理費の増加です
　原料コストの高騰は、市況によって短期に解決する場合もありますが、一般的には長期的に取り組まなければならない問題です。
　また、無形固定資産は減損が生じた場合を除くと、一定期間で償却を行わなければなりませんので、これからも同額の償却は続きます。
　したがって、大きく売上高が伸びない限り、順調に利益を計上するのは難しいと判断できます。

　さらに合併後、事業効率が悪くなっているのも気になる点です。研究開発費は業種から考えると削減が難しいと思われますので、売上が伸びなければ、利益を上げるにはSelling,general and administrative expenses（販売費及び一般管理費）を減少させるしかありません。
　DowDuPontは合併時から、Agriculuture（アグリカルチャー事業部門）、Material science（素材科学事業部門）、Speciality products（特殊化学品事業部門）の3つに会社を分割することを予定していました（図5-5-1）。
　2019年4月1日、素材科学事業部門はDowとして分離され、2019年6月1日に農業部門をCorteva, Inc.として分離し、残った特殊化学品事業部門をDuPont de Nemours,Inc.に改称しました。

今後、企業分割の効果が発揮され、それぞれの部門内での効率化による営業費用の減少で、収益力が改善されることを期待します。

図5-5-1　DowDuPontの合併と企業分割

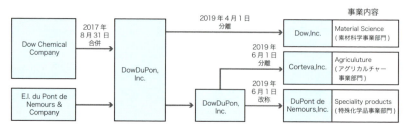

5-6
IQVIA、Marathon Petroleumの合併・買収を評価する

◆IQVIAの合併後の業績を評価する

　IQVIA Holdings Inc.（以下、IQVIA）について、合併の成果を分析してみましょう。

　2016年5月、医薬品開発受託企業Quintiles Transnational Holdings Inc.（以下、Quintiles）と、ヘルスケア業界の調査企業IMS Health Holdings, Inc.（以下、IMS）が全額株式交換による対等合併を行い、Quintiles IMS Holdings, Inc.（以下、Quintiles IMS）を設立すると発表しました（2017年11月、IQVIAに社名変更）。合併手続は11月に終了し、両社を合わせた収益は72億ドル（約7200億円）、合併後企業時価総額約176億ドル（約1兆7,600億円）の巨大企業が成立しました（1ドル100円で換算）。

　まずは、合併によって業績が伸びているのかについて検討します。
　2017年度IQVIAの連結損益計算書を図5-6-1に示します。

DowDuPontで説明したように、合併・買収に際しては、連結損益計算書にどの企業のどの期間の数字が含まれているのかを確かめることが重要です。
　QuintilesとIMSの合併手続が完了した日は2016年10月3日です。つまり、2015年度と2016年の1月から10月2日までのIMSの営業活動は、前述の連結損益計算書に一切含まれていません。
　合併の成果を評価する基準となる損益計算書として、2015年度のQuintilesとIMSの損益を合算しましょう。

図5-6-1　IQVIAの連結損益計算書

IQVIA HOLDINGS INC. AND SUBSIDIARIES
CONSOLIDATED STATEMENTS OF INCOME

(in millions, except per share data)		Year Ended December 31,				
		2017		2016		2015
Revenues	$	8,060	$	5,364	$	4,326
Reimbursed expenses		1,679		1,514		1,411
Total revenues		9,739		6,878		5,737
Costs of revenue, exclusive of depreciation and amortization		4,622		3,236		2,705
Costs of revenue, reimbursed expenses		1,679		1,514		1,411
Selling, general and administrative expenses		1,605		1,011		815
Depreciation and amortization		1,011		289		128
Restructuring costs		63		71		30
Merger related costs		—		87		—
Impairment charges		40		28		2
Income from operations		719		642		646
Interest income		(7)		(4)		(4)
Interest expense		346		144		101
Loss on extinguishment of debt		19		31		8
Other expense (income), net		30		(8)		2
Income before income taxes and equity in earnings (losses) of unconsolidated affiliates		331		479		539
Income tax (benefit) expense		(987)		345		159
Income before equity in earnings (losses) of unconsolidated affiliates		1,318		134		380
Equity in earnings (losses) of unconsolidated affiliates		10		(4)		8
Net income		1,328		130		388
Net income attributable to non-controlling interests		(19)		(15)		(1)
Net income attributable to IQVIA Holdings Inc.	$	1,309	$	115	$	387
Earnings per share attributable to common stockholders:						
Basic	$	6.01	$	0.77	$	3.15
Diluted	$	5.88	$	0.76	$	3.08
Weighted average common shares outstanding:						
Basic		217.8		149.1		123.0
Diluted		222.6		152.0		125.6

The accompanying notes are an integral part of these consolidated financial statements.

出所：IQVIA 10-K

図5-6-2　IMSの連結損益計算書

IMS HEALTH HOLDINGS, INC.
CONSOLIDATED STATEMENTS OF COMPREHENSIVE INCOME (LOSS)

(in millions, except per share data)	Years Ended December 31, 2015		2014		2013	
Revenue	$	**2,921**	$	2,641	$	2,544
Information		*1,483*		*1,515*		*1,525*
Technology services		*1,438*		*1,126*		*1,019*
Operating costs of information, exclusive of depreciation and amortization		**666**		665		648
Direct and incremental costs of technology services, exclusive of depreciation and amortization		**750**		573		520
Selling and administrative expenses, exclusive of depreciation and amortization		**712**		721		596
Depreciation and amortization		**341**		441		410
Severance, impairment and other charges		**88**		33		16
Operating Income		**364**		208		354
Interest income		**3**		4		4
Interest expense		**(169)**		(221)		(332)
Other income (loss), net		**19**		(276)		(74)
Non-Operating Loss, Net		**(147)**		(493)		(402)
Income (loss) before income taxes		**217**		(285)		(48)
Benefit from income taxes		**200**		96		130
Net Income (Loss)	$	**417**	$	(189)	$	82
Earnings (Loss) per Share Attributable to Common Shareholders:						
Basic	$	**1.26**	$	(0.59)	$	0.29
Diluted	$	**1.23**	$	(0.59)	$	0.29
Weighted-Average Common Shares Outstanding:						
Basic		**331.0**		319.0		280.0
Diluted		**339.3**		319.0		287.0
Comprehensive Income (Loss):						
Net Income (Loss)	$	**417**	$	(189)	$	82
Cumulative translation adjustment (net of taxes of $(42), $(27) and $—, respectively)	$	**(118)**	$	(178)	$	(183)
Unrealized gains on derivative instruments (net of taxes of $—, $— and $(4), respectively)		**1**		2		9
Gains on derivative instruments, reclassified into earnings (net of taxes of $9, $2 and $5, respectively)		**(15)**		(4)		(9)
Postretirement and postemployment adjustments (net of taxes of $—, $13, and $(16), respectively)		**(1)**		(30)		24
Other Comprehensive Loss	$	**(133)**	$	(210)	$	(159)
Total Comprehensive Income (Loss)	$	**284**	$	(399)	$	(77)

The accompanying notes are an integral part of the Consolidated Financial Statements.

出所：IMS 10-K

図5-6-3　IQVIAの評価用損益計算書

評価用連結損益計算書

（In millions, except per share amounts）	IQVIA Holdings,INC. 2018	IQVIA Holdings,INC. 2017	Quintiles Transnational Holdings Inc.+ IMS Health Holdings, Inc. 2015	Quintiles Transnational Holdings Inc. 2015	IMS Health Holdings, Inc. 2015
Total revenues	10412	9,739	8,658	5,737	2,921
Costs of revenue,exclusive of depreciation and amotization	6746	6,301	5,532	4,116	1,416
Selling, general and administrative expenses	1716	1,605	1,527	815	712
Depreciation and amotization	1141	1,011	469	128	341
Restructuring costs	68	63	30	30	
Merger related costs			0		
Impairment charges		40	90	2	88
Income from operations	741	719	1,010	646	364
Interest income	(8)	(7)	(7)	(4)	(3)
Interest expense	414	346	270	101	169
Loss on extinguishiment of debt	2	19	8	8	
Other expense (income).net	5	30	(17)	2	(19)
Income before income taxes and equity in earnings (losses) of unconsolidated affiliates	328	331	756	539	217
Income tax(benefit)expense	59	(987)	(41)	159	(200)
Income before equity in earnings(losses) of unconsolidated affiliates	269	1,318	797	380	417
Equity in earnings(losses) of unconsolidated affiliates	15	10	8	8	
Net income	284	1,328	805	388	417
Net income attributable to noncontrolling interests	(25)	(19)	(1)	(1)	
Net income attributable to IQVIA Inc.	259	1,309	804	387	417

*IQVIA2018年度英文決算書から2018年度を追加しています。　　　　　出所：IQVIA 10-KとIMS 10-Kをもとに筆者作成

2016年度については、IMSの1～10月の損益を示す資料がないので、Quintilesと IMS との間に大きな金額の取引はなかったものと仮定し、2015年度を基準年度として、2017年、2018年と比較を行います。

5-6 IQVIA、Marathon Petroleumの合併・買収を評価する

図5-6-4　合併前後の成長率

修正連結損益計算書

(In millions, except per share amounts)	IQVIA Holdings,INC. 2018		IQVIA Holdings,INC. 2017	Quintiles Transnational Holdings Inc.+ IMS Health Holdings, Inc. 2015
Total revenues	①	120%	112%	100%
Costs of revenue,exclusive of depreciation and amotization		122%	114%	100%
Selling, general and administrative expenses		112%	105%	100%
Depreciation and amotization	③	243%	216%	100%
Restructuring costs		227%	210%	100%
Merger related costs				
Impairment charges		0%	44%	100%
Income from operations	②	73%	71%	100%
Interest income		114%	100%	100%
Interest expense		153%	128%	100%
Loss on extinguishment of debt		25%	238%	100%
Other expense（income）.net		-29%	-176%	100%
Income before income taxes and equity in earnings（losses）of unconsolidated affiliates		43%	44%	100%
Income tax（benefit）expense		-144%	2407%	100%
Income before equity in earnings（losses）of unconsolidated affiliates		34%	165%	100%
Equity in earnings（losses）of unconsolidated affiliates		188%	125%	100%
Net income		35%	165%	100%
Net income attributable to noncontrolling interests		2500%	1900%	100%
Net income attributable to IQVIA Inc.		32%	163%	100%

出所：IQVIA 10-KとIMS 10-Kをもとに筆者作成

　合併後、Revenues（売上高）は20％伸びていますが（図5-6-4囲み①）、営業利益は30％程度減少しています（図5-6-4囲み②）。数字と合わせて考えると、Depreciation and amotization（減価償却費）の増加が収益を圧迫しています（図5-6-4囲み③）。

　Depreciation and amotization（減価償却費）の内訳を見てみましょう。

193

減価償却費の内訳は、「ITEM 8. FINANCIAL STATEMENTS AND SUP-PLEMENTARY DATA」の「7.Property and Equipment」（有形固定資産）と「8.Goodwill and Identifiable Intangible Assets」（のれんと識別可能な無形固定資産）に記載されています。

図5-6-5　減価償却費の内訳

7. Property and Equipment

The major classes of property and equipment were as follows:

	December 31,			
(in millions)		2018		2017
Land, buildings and leasehold improvements	$	326	$	324
Equipment		521		446
Furniture and fixtures		82		81
Transportation equipment		72		72
Property and equipment, gross		1,001		923
Less accumulated depreciation		(567)		(483)
Property and equipment, net	$	434	$	440

Property and equipment depreciation expense was as follows:

		Year Ended December 31,				
(in millions)		2018		2017		2016
① Depreciation expense	$	125	$	125	$	79

8. Goodwill and Identifiable Intangible Assets

As of December 31, 2018, the Company has approximately $5,951 million of identifiable intangible assets, of which approximately $18 million, relating to a trade name, is deemed to be indefinite-lived and, accordingly, is not being amortized. Amortization expense associated with identifiable definite-lived intangible assets was as follows:

		Year Ended December 31,				
(in millions)		2018		2017		2016
② Amortization expense	$	1,016	$	886	$	210

Estimated amortization expense for existing identifiable intangible assets is expected to be approximately $1,052 million, $997 million, $839 million, $489 million and $405 million for the years ending December 31, 2019, 2020, 2021, 2022 and 2023, respectively. Estimated amortization expense can be affected by various factors, including future acquisitions or divestitures of service and/or licensing and distribution rights or impairments.

出所：IQVIA 10-K

2018年度のDepreciation and amotization（減価償却費）1,141百万ドルの内訳は、Depriciation expense（固定資産の減価償却費）125百万ドル（図5-6-5囲み①）とAmotization expense（無形固定資産の償却費）1,016百万ドル（図5-6-5囲み②）であることがわかりました。

無形資産の償却費の発生額の見込みは、2019年度1,052百万ドル、2020年度997百万ドル、2021年度839百万ドル、2022年度489百万ドル、

2023年度405百万ドルと書かれていますので、2021年度までは多額の無形固定資産償却費が発生することになります。

よって、現時点の評価では、合併が利益獲得に有効でなかったと考えざるを得ないでしょう。

◆ 事業効率を分析する

DowDuPontの合併でも説明しましたが、合併の結果、利益が大きく伸びなかったとしても、資産がスリム化して事業効率が良くなったとすると、合併にはそれなりの効果があったことになります。

ここではROAを計算して、合併による事業効率の変化を確かめます。

図5-6-6　貸借対照表の総資産（単位：百万ドル）

	2014	2015	2016	2017	2018
IQVIA (Quintiles IMS)			21,208	22,742	22,549
Quintiles	3,295	3,926			
IMS	7,096	7,459			
計	10,391	11,385	21,208	22,742	22,549

出所：IQVIA 10-K、Quintiles 10-K、IMS 10-Kをもとに筆者作成

図5-6-6の数値を用いて、各年度の平均総資産を計算します。

2015年度（10,391百万ドル＋11,385百万ドル）÷2＝10,888　百万ドル
2017年度（21,208百万ドル＋22,742百万ドル）÷2＝21,975　百万ドル
2018年度（22,742百万ドル＋22,549百万ドル）÷2＝22,645.5百万ドル

合併による臨時費用を除いた金額を考慮したROAの計算は、次のようになります。

2015年度　（804百万ドル＋30百万ドル）÷10,888百万ドル×100＝7.7%
2017年度　（1,309百万ドル＋63百万ドル）÷21,975百万ドル×100＝6.2%
2018年度　（259百万ドル＋68百万ドル）÷22,645.5百万ドル×100＝1.4%

2015年から2018年までのROAは低下しています（計算できなかった2016年度を除く）。この結果から、IQVIAの事業効率は合併によって効率化していないという判断になります。

◇ Marathon PetroleumによるAndeavorの買収について効果を測定し、将来を予測する

　2018年4月30日、米石油精製企業Marathon Petroleum Corporation（以下、Marathon Petroleum）は、同業のAndeavorを233億ドル（約2兆3,300億円）で買収することを発表しました。この買収は米国内で独立系として最大の石油企業が誕生するということで、大きなニュースになりました（1ドル100円で換算）。

　現時点では、分析に有効な英文財務諸表が出揃ったとは言えないでしょう。他の企業のケースと同様、英文決算書を読み解くことで買収の効果を測定して、ぜひMarathon Petroleumの未来を予測してみてください。

5-6 IQVIA、Marathon Petroleumの合併・買収を評価する

図5-6-7 Marathon Petroleumの連結損益計算書

MARATHON PETROLEUM CORPORATION
CONSOLIDATED STATEMENTS OF INCOME

(In millions, except per share data)	2018	2017	2016
Revenues and other income:			
Sales and other operating revenues[a]	$ 95,750	$ 74,104	$ 63,277
Sales to related parties	754	629	62
Income (loss) from equity method investments	373	306	(185)
Net gain on disposal of assets	23	10	32
Other income	202	320	178
Total revenues and other income	97,102	75,369	63,364
Costs and expenses:			
Cost of revenues (excludes items below)[a]	85,456	66,519	56,676
Purchases from related parties	610	570	509
Inventory market valuation adjustment	-	-	(370)
Impairment expense	-	-	130
Depreciation and amortization	2,490	2,114	2,001
Selling, general and administrative expenses	2,418	1,694	1,597
Other taxes	557	454	435
Total costs and expenses	91,531	71,351	60,978
Income from operations	5,571	4,018	2,386
Net interest and other financial costs	1,003	674	564
Income before income taxes	4,568	3,344	1,822
(Benefit) provision for income taxes	962	(460)	609
Net income	3,606	3,804	1,213
Less net income (loss) attributable to:			
Redeemable noncontrolling interest	75	65	41
Noncontrolling interests	751	307	(2)
Net income attributable to MPC	$ 2,780	$ 3,432	$ 1,174
Per Share Data (See Note 8)			
Basic:			
Net income attributable to MPC per share	$ 5.36	$ 6.76	$ 2.22
Weighted average shares outstanding	518	507	528
Diluted:			
Net income attributable to MPC per share	$ 5.28	$ 6.70	$ 2.21
Weighted average shares outstanding	526	512	530

[a] The 2018 period reflects an election to present certain taxes on a net basis concurrent with our adoption of ASU 2014-09, Revenue—Revenue from Contracts with Customers ("ASC 606"). See Notes 2 and 3 for further information.

The accompanying notes are an integral part of these consolidated financial statements.

出所：Marathon Petroleum 10-K

◎英文決算書を読む際に知っておくべき会計用語について（その4）

　ここでは、キャッシュ・フロー計算書を読むために必要な会計用語について説明します。

Consolidated Statements of Cash Flows

連結キャッシュ・フロー計算書。Cash flow Statement と表記される場合もあります。

Cash flow from Operating Activities

営業活動によるキャッシュ・フロー。商品の販売による収入や商品の仕入による支出など、企業の本来の事業活動から生じるキャッシュ・フローです。

Cash flow from Investing Activities

投資活動によるキャッシュ・フロー。固定資産・株・債権などの取得や売却によるキャッシュ・フローです。

Cash flow from Financing Activities

財務活動によるキャッシュ・フロー。企業の資金が不足したときの資金をどのように調達したか、またどのように返済したかというキャッシュ・フローです。

Adjustments to reconcile net income to cash

当期純利益の調整。間接法を採用した場合、減価償却費、引当金の計上、評価損等、キャッシュの流出を含まない収益、費用項目は「当期純利益の調整」という大項目の内訳として、それぞれ開示されます。

Changes in operating assets and liabilities

資産及び負債の増減。間接法を採用した場合、営業活動に関する資産、負債の増減は「資産、負債の増減」という大項目の内訳として、それぞれ開示されます。

Purchases of property and equipment

有形固定資産の購入。貸借対照表の会計用語で説明したとおり、「property and equipment」は有形固定資産を表します。「投資活動によるキャッシュ・フロー」に掲記される項目です。

Proceeds from the disposal of property and equipment

有形固定資産の除却による収入。「proceeds」が収入、「disposal」が除却に当たります。

Proceeds from maturities of marketable securities

有価証券の満期償還による収入。「maturities」は満期による償還です。「Proceeds from sales of marketable securities」は「有価証券の売却による収入」になります。

Net change in short-term debt

短期借入金の増減。「net change」が増減を表します。「short-term debt」が短期借入金です。

Repayment of long-term debt

長期借入金の返済。「repayment」が返済を表します。「long-term debt」が長期借入金です。

Issue of common stock

新株の発行。「common stock」は普通株式です。「issue」が発行を表します。

Dividends paid

配当金の支払い。「Dividends」が配当金を表し、「paid」が支払を表します。

第 **6** 章

Facebook、Twitterは
どこで利益を
あげているのか

乱立する Web広告企業の勝者を占うためのヒントが、決算書には散りばめられている

　Facebookアプリケーションは当初、大学内の学生が交流を図るためのソフトウェアでしたが、友達との情報を交換するもっとも効果的なチャンネルとして、またたく間に世界中に広がりました。そしてTwitterアプリケーションは、2007年3月にイベント「サウス・バイ・サウスウェスト」（South by Southwest、SXSW）でブログ関連の賞を受賞したことで、一躍注目を集めました。

　ところで、Facebook, Inc.（以降の表記は「Facebook」とする）とTwitter, Inc.（以降の表記は「Twitter」とする）は、何によって収益を上げているのでしょうか？　実は、両社はその収益の大部分を広告によって得ています。

　この章では、Facebook、Twitterの英文決算書を題材にして、企業の将来性（勝つのか、負けるのか）の見極め方について考えてみます。

6-1
まずは業績の確認から

◆ Web広告業界の現況

　米国オンライン広告の業界団体Interactive Advertising Bureau（以下「IAB」）は、2018年5月10日、2017年の米国のインターネット広告費が前年比21.4％増の880億米ドル（1ドル100円換算で8兆8,000億円）に達したと発表しました。

　また、電通イージス・ネットワークによると、2018年には世界の総広告費に占めるデジタル広告費の割合は38.5％となり、初めてテレビ広告費の35.4％を上回ると予想されています。

　ビジネスにおいて、すでに大きくなった企業と新規の新しい企業を比較するのはよくあるケースです。そして、**英文決算書は企業の業績を開示し、将来に関する予測に役立つ情報を提供する書類でもあるので、企業の将来性を比較するのに最適です。**本章では、Web広告業界で大きなシェアを持つFacebookと、新興勢力であるTwitterの英文決算書を比較し、企業の将来性を見極めていきます。

　最初は、Facebookの分析から行います。
　まずは連結損益計算書を概観し、ここ数年の業績を確認します。Facebookの連結損益計算書は、英文決算書の「Item 8. Financial Statements and Supplementary Data」に「Consolidated Statements of Income」の表題で記載されています（図6-1-1）。

図6-1-1　Facebookの連結損益計算書

FACEBOOK, INC.
CONSOLIDATED STATEMENTS OF INCOME
(In millions, except per share amounts)

		Year Ended December 31,		
		2018	2017	2016
Revenue	①	$ 55,838	$ 40,653	$ 27,638
Costs and expenses:				
Cost of revenue		9,355	5,454	3,789
Research and development		10,273	7,754	5,919
Marketing and sales		7,846	4,725	3,772
General and administrative		3,451	2,517	1,731
Total costs and expenses		30,925	20,450	15,211
Income from operations		24,913	20,203	12,427
Interest and other income (expense), net		448	391	91
Income before provision for income taxes		25,361	20,594	12,518
Provision for income taxes		3,249	4,660	2,301
Net income	②	$ 22,112	$ 15,934	$ 10,217
Less: Net income attributable to participating securities		1	14	29
Net income attributable to Class A and Class B common stockholders		$ 22,111	$ 15,920	$ 10,188
Earnings per share attributable to Class A and Class B common stockholders:				
Basic		$ 7.65	$ 5.49	$ 3.56
Diluted		$ 7.57	$ 5.39	$ 3.49
Weighted average shares used to compute earnings per share attributable to Class A and Class B common stockholders:				
Basic		2,890	2,901	2,863
Diluted		2,921	2,956	2,925
Share-based compensation expense included in costs and expenses:				
Cost of revenue		$ 284	$ 178	$ 113
Research and development		3,022	2,820	2,494
Marketing and sales		511	436	368
General and administrative		335	289	243
Total share-based compensation expense		$ 4,152	$ 3,723	$ 3,218

See Accompanying Notes to Consolidated Financial Statements.

出所：Facebook 10-K

　Facebookの連結損益計算書を見ると、Revenue（売上高）、Net income（当期純利益）が順調に伸びていることがわかります。**2016年度を基準とすると、2017年度、2018年度のRevenue（売上高）は次のように、毎年50%近く伸びています（図6-1-1囲み①）。**

2017年度　40,653百万ドル ÷ 27,638百万ドル × 100 = 147.1%

2018年度　55,838百万ドル ÷ 27,638百万ドル × 100 = 202.0%

　では、当期純利益はどうでしょうか？

6-1　まずは業績の確認から

　同様に2016年度を基準年度とすると、次のようにほぼ売上高と同じ比率
で成長しています（図6-1-1囲み②）。

2017年度　15,934百万ドル ÷ 10,217百万ドル × 100 = 156.0%
2018年度　22,112百万ドル ÷ 10,217百万ドル × 100 = 216.4%

　図6-1-2に、FacebookのConsolidated Statements of Income（連結損益計
算書）の日本語訳を示します。

図6-1-2　Facebookの連結損益計算書の日本語訳（参考）

連結損益計算書
（単位：百万円※）

| | 12月31日に終了する事業年度 | | |
	2018	2017	2016
売上高	5,583,800	4,065,300	2,763,800
費用			
売上原価	935,500	545,400	378,900
研究開発費	1,027,300	775,400	591,900
販売費	784,600	472,500	377,200
一般管理費	345,100	251,700	173,100
費用計	3,092,500	2,045,000	1,521,100
営業利益	2,491,300	2,020,300	1,242,700
利息その他の損益	44,800	39,100	9,100
税引前当期純利益	2,536,100	2,059,400	1,251,800
税金費用	324,900	466,000	230,100
当期純利益	2,211,200	1,593,400	1,021,700
参加的優先株主帰属分	100	1,400	2,900
Class AとClass Bの普通株式株主に帰属する純利益	2,211,100	1,592,000	1,018,800

※1ドル100円で換算　　　　　　　　　　　　出所：Facebook 10-Kをもとに筆者作成

　Facebookの連結損益計算書を概観しましょう。Revenue（売上高）とNet
income（当期純利益）の成長については先ほど触れましたが、Income from
operations（営業利益）も成長しています。

第6章　Facebook, Twitterはどこで利益をあげているのか

205

各年度のOperating margin rate（営業利益率）を、図6-1-3に示します。

図6-1-3　Facebookの営業利益率

年度	売上高 （百万ドル）	営業利益 （百万ドル）	計算	営業利益率
2016	27,638	12,427	12,427÷27,638×100＝45.0	45.0%
2017	40,653	20,203	20,203÷40,653×100＝49.7	49.7%
2018	55,838	24,913	24,913÷55,838×100＝44.6	44.6%

出所：Facebook 10-Kをもとに著者作成

Operating margin rate（営業利益率）は45％程度で推移しています。

Break-even sales（損益分岐売上高）がどの水準であるのかを確かめるために、FacebookのBreak-even point（損益分岐点）を計算してみましょう。

◆Break-even point（損益分岐点）の計算

損益分岐点分析は、Operating expenses（営業費用）をVariable cost（変動費）とFixed cost（固定費）に分け、収益と費用が一致する売上高を計算する分析方法です。この分析手法を用いるには、Operating expenses（営業費用）が一定のFixed cost（固定費）と売上の増加に対応して増加するVariable cost（変動費）から構成されていることが前提になります。

Facebookの売上高、売上原価、営業費用の変動を図6-1-4に示します。

図6-1-4を見ると、売上高、売上原価、営業費用のおおよそすべてが直線に近い形で変動していますので、Fixed cost（固定費）をほぼ一定と見ても大きな問題はなさそうです。

Web広告のような事業は、初期の投資が大きく、売上に対するVariable cost（変動費）の割合が低いため、この分析に適していると考えられます。

計算にあたってはいくつかの前提が必要です。次の前提で計算を行います。

図6-1-4 Facebookの売上高・売上原価・営業費用

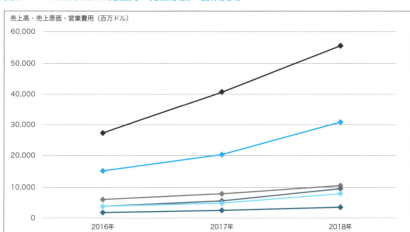

出所：Facebook 10-Kをもとに筆者作成

① Cost of revenue（売上原価）はすべてVariable cost（変動費）とし、原価率は2016年度～2018年度の平均を使用する。
② Reserch and development（研究開発費）は、経営判断によって政策的に決められる費用であるが、この分析では売上の増減によって増減する変動費部分があるものとする。
③ Reserch and development（研究開発費）、Marketing and sales（販売費）、General and adminisitrative（一般管理費）の変動費部分は2016年と2018年を基準年度として計算する。

【変動費率の計算】

(1) ①から、売上原価率は次のように計算できます。

$$\left(\frac{3{,}789 \text{百万ドル}}{27{,}638 \text{百万ドル}} + \frac{5{,}454 \text{百万ドル}}{40{,}653 \text{百万ドル}} + \frac{9{,}355 \text{百万ドル}}{55{,}838 \text{百万ドル}} \right) \div 3 \times 100 = 14.6\%$$

(2) ③から、営業費用の変動費率は次のように計算できます。なお、②より Reserch and development（研究開発費）も変動費部分があるとして処理しています。

$$\frac{(10,273\text{百万ドル}+7,846\text{百万ドル}+3,451\text{百万ドル})-(5,919\text{百万ドル}+3,772\text{百万ドル}+1,731\text{百万ドル})}{55,838\text{百万ドル}-27,638\text{百万ドル}} \times 100 = 36.0\%$$

(3) (1)と(2)の計算より、変動費率は「14.6%+36.0%=50.6%」となり、固定費は「(30,925百万ドル-9,355百万ドル)-55,838百万ドル×36.0%=1,468.32百万ドル」と計算できます。

Break-even chart（損益分岐図表）を、図6-1-5に示します。

図6-1-5　損益分岐図表

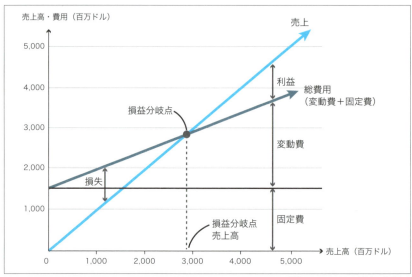

出所：Facebook 10-Kをもとに筆者作成

また、Break-even sales（損益分岐売上高）は次のように計算できます。

$$\frac{1,468.32\,百万ドル}{（1 - 50.6\%）} \times 100 = 2,972\,百万ドル$$

2018年度のFacebookの売上は55,838百万ドル（5兆5,838億円）ですので、Break-even sales（損益分岐売上高）2,972百万ドル（2,972億円）をすでに大きく超えていることがわかりました（1ドル100円で換算）。

Web広告業界は初期投資が大きい一方、維持費が小さいので、Break-even point（損益分岐点）を超えれば、売上が大きくなるほど、利益率も大きくなります。**したがって、費用の分析よりも売上が今後どのような伸びをするのかが、企業の将来を決めるといえるでしょう。**

6-2
Facebookの Revenue （売上高）を分析する

◆売上高の計上基準

　売上高の分析を行う前に、Facebookがどのような会計基準で売上計上を行っているのかを確かめます。Revenue（売上高）については、Facebook英文決算書の「Item 8. Financial Statements and Supplementary Data」の「Note 1. Summary of Significant Accounting Policies」（重要な会計方針）に、次のような記載があります。

▼2018年Facebookのアニュアルレポートより

Advertising

Advertising revenue is generated by displaying ad products on Facebook, Instagram, Messenger, and third-party affiliated websites or mobile applications.Marketers pay for ad products either directly or through their relationships with advertising agencies or resellers, based on the number of impressions delivered or the number of actions, such as clicks, taken by our users.

Revenue is recognized when control of the promised goods or services is transferred to our customers, in an amount that reflects the consideration we expect to be entitled to in exchange for those goods or services. We recognize revenue from the display of impression-based ads in the contracted period in which the impressions are delivered. Impressions are considered delivered when an ad is displayed to users. We recognize revenue from the delivery of action-based ads in the period in which a user takes the action the marketer contracted for. For advertising revenue arrangements where we are not the principal, we recognize revenue on a net basis.

▼日本語訳

広告売上

広告売上は、宣材がフェイスブック、インスタグラム、メッセンジャー、サードパーティの提携したWebサイトやモバイルアプリケーションに表示されることによって発生します。広告宣伝主は、広告がブラウザ上でユーザーに表示された回数、またはユーザーによるクリックなどの行為の回数に基づいて、広告宣伝費を直接、または広告代理店、再販業者を通して支払います。

収益は、製品やサービスと交換に受け取る権利があると考えている金額の限度で、約束した商品またはサービスに対する支配が顧客に移転した時点で認識されます。当社は広告が配信される契約期間の広告の表示によって、収益を認識します。ユーザーの画面に宣伝が表示されたとき、広告が配信されたと考えています。ユーザーが（クリックなどの）行動を取れる、広告主と契約した期間におけるユーザーの行動に基づく広告の配信に基づいて、当社は収益を認識します。当社が業主でない広告収入の取り決めは、純額主義で収益を認識します。

この説明を読み、**Facebookはユーザーのクリックなどにより、広告が画面に表示された数によって売上を計上していることがわかりました。**ユーザーがどの程度利用しているのかによって、直接売上を計上することになります。

この点を前提に、将来の売上高を考えていきましょう。

◆ 売上を分解する

Web広告ビジネスでは、次のように売上を分解します。

> 売上高＝ユーザー数 × ARPU

　ARPUとはAverage Revenue Per Userの略で、1ユーザーあたりの平均収益をあらわす指標です。

　FacebookのようなWeb広告ビジネスで売上を伸ばすには、どのような方法があるのでしょうか？
　方向性は2つあります。
　1つはユーザー数を増やすことです。ユーザー数が増えれば、ARPUが著しく下がらないかぎり、売上高は増加するはずです。
　もう1つは、ARPUを上げることです。1人あたりの売上金額を増やせれば、ユーザーが大きく減らない限り売上高は増加するはずです。

　こう考えると、Web広告ビジネスを営む企業が今後成長するかどうかは、ユーザー数が増えるか、ARPUを上げることができるのか、この2つの視点で見れば良いことになります。

◆ ユーザー数をどう定義するのか

　Facebookは「Item 7. Management's Discussion and Analysis of Financial Condition and Results of Operations」でユーザー数について、詳細な情報を開示しています。
　最初はユーザ数について検討していきましょう。
　Facebookは、ユーザー数を日々の利用者（DAUs）と1ヶ月単位の利用者（MAUs）に分けて開示を行っています。まずは、DAUsとMAUsの定義に目を通しましょう。

6-2　FacebookのRevenue（売上高）を分析する

▼2018年Facebookのアニュアルレポートより

• Daily Active Users (DAUs).

We define a daily active user as a registered Facebook user who logged in and visited Facebook through our website or a mobile device, or used our Messenger application (and is also a registered Facebook user), on a given day. We view DAUs, and DAUs as a percentage of MAUs, as measures of user engagement on Facebook.

• Monthly Active Users (MAUs).

We define a monthly active user as a registered Facebook user who logged in and visited Facebook through our website or a mobile device, or used our Messenger application (and is also a registered Facebook user), in the last 30 days as of the date of measurement. MAUs are a measure of the size of our global active user community on Facebook.

▼日本語訳

•日々の利用者（DAUs）

当社は特定の日に私たちのWebサイト、モバイル端末を通して、または（フェイスブックユーザーとして登録した）私たちのメッセンジャーアプリケーションを使ってフェイスブックにログインし、閲覧したフェイスブック登録ユーザーを「日々の利用者」（DAUs）と定義しています。当社はDAUs,MAUsの一部分としてのDAUsを、ユーザーとのつながりの強さを示す指標としています。

•1ヶ月単位の利用者（MAUs）

当社は測定の日から30日以内に、私たちのWebサイト、モバイル端末を通して、または（フェイスブックユーザーとして登録した）私たちのメッセンジャーアプリケーションを使ってフェイスブックにログインし、閲覧したフェイスブック登録ユーザーを「1ヶ月単位の利用者」

213

（MAUs）と定義しています。MAUsは、フェイスブック上の包括的な実利用者のグループの大きさを示す指標です。

Facebookは、「日々の利用者」（以下DAUs）をユーザーとのつながりの強さを示す指標、「1ヶ月単位の利用者」（以下MAUs）を実利用者のグループの大きさを示す指標と考えていることがわかりました。

では、mDAUsとMAUsにはどのような関係があるのでしょうか？
FacebookのDAUsの推移を示す資料には、DAUとMAUの比率が記載されています。

図6-2-1　FacebookのDAUsの推移（全市場）

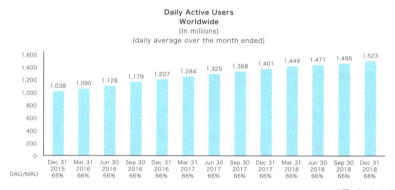

出所：Facebook 10-K

図6-2-1のグラフの末尾を見ると、DAU/DMUは常に65%~66%でほぼ一定です。この傾向は比率こそ違いますが、Facebookが4つに区分したすべての地域で共通です。したがって、**ユーザー数の見込みを検討するには、DAU、DMUのどちらを使っても同じ結論になることがわかりました。**
なお、本書ではDAUを利用して、ユーザーの増加率を計算します。

◆ユーザー数に拡大の余地はあるのか

図6-2-1には2015年の4Qから始まって、各四半期ごとの全世界DAUが記載されています。2015年4Qを基として、ユーザー数の成長率を計算します。

図6-2-2　ユーザー数の成長率（全市場）

年度	2015 4Q	2016 1Q	2016 2Q	2016 3Q	2016 4Q	2017 1Q	2017 2Q	2017 3Q	2017 4Q	2018 1Q	2018 2Q	2018 3Q	2018 4Q
DAU（百万人）	1,038	1,090	1,128	1,179	1,227	1,284	1,325	1,368	1,401	1,449	1,471	1,495	1,523
成長率	100.0%	105.0%	108.7%	113.6%	118.2%	123.7%	127.6%	131.8%	135.0%	139.6%	141.7%	144.0%	146.7%
増分	①	5.0%	3.7%	4.9%	4.6%	5.5%	3.9%	4.1%	3.2%	4.6%	②2.1%	2.3%	2.7%

出所：Facebook 10-Kをもとに筆者作成

図6-2-2を見ると、全世界で2016年1Qから2017年1Qまでは、2016年2Qを除き5%近い成長率でユーザー数が増えていたことがわかります（図6-2-2囲み①）。**しかし、直近の3期間は成長率が2％台で、ユーザー数の増加に陰りが見えます（図6-2-2囲み②）。**

ユーザー数はすでに頭打ちの段階に入ってきたのでしょうか？

Facebookは、US & Canada（北米）、Europe（ヨーロッパ）、Asia-Pacific（アジア・パシフィック）、Rest of world（その他）の4地域に分けたDAUも開示しています（図6-2-3）。こちらを用いて、地域ごとのユーザー数の成長率を分析しましょう。

図6-2-3　FacebookのDAUsの推移（地域別）

出所：Facebook 10-K

図6-2-4　ユーザー数の成長率（地域別）

北米

年度	2015 4Q	2016 1Q	2016 2Q	2016 3Q	2016 4Q	2017 1Q	2017 2Q	2017 3Q	2017 4Q	2018 1Q	2018 2Q	2018 3Q	2018 4Q
DAU(百万人)	169	173	175	178	180	182	183	185	184	185	185	185	186
成長率	100.0%	102.4%	103.6%	105.3%	106.5%	107.7%	108.3%	109.5%	108.9%	109.5%	109.5%	109.5%	110.1%
増分		2.4%	1.2%	1.8%	1.2%	1.2%	0.6%	1.2%	-0.6%	0.6%	0.0%	0.0%	0.6%

ヨーロッパ

年度	2015 4Q	2016 1Q	2016 2Q	2016 3Q	2016 4Q	2017 1Q	2017 2Q	2017 3Q	2017 4Q	2018 1Q	2018 2Q	2018 3Q	2018 4Q
DAU(百万人)	240	249	252	256	262	267	271	274	277	282	279	278	282
成長率	100.0%	103.8%	105.0%	106.7%	109.2%	111.3%	112.9%	114.2%	115.4%	117.5%	116.3%	115.8%	117.5%
増分		3.8%	1.3%	1.7%	2.5%	2.1%	1.7%	1.3%	1.3%	2.1%	-1.3%	-0.4%	1.7%

アジア・パシフィック

年度	2015 4Q	2016 1Q	2016 2Q	2016 3Q	2016 4Q	2017 1Q	2017 2Q	2017 3Q	2017 4Q	2018 1Q	2018 2Q	2018 3Q	2018 4Q
DAU(百万人)	309	329	346	368	396	427	453	476	499	529	546	561	577
成長率	100.0%	106.5%	112.0%	119.1%	128.2%	138.2%	146.6%	154.0%	161.5%	171.2%	176.7%	181.6%	186.7%
増分		6.5%	5.5%	7.1%	9.1%	10.0%	8.4%	7.4%	7.4%	9.7%	5.5%	4.9%	5.2%

その他

年度	2015 4Q	2016 1Q	2016 2Q	2016 3Q	2016 4Q	2017 1Q	2017 2Q	2017 3Q	2017 4Q	2018 1Q	2018 2Q	2018 3Q	2018 4Q
DAU(百万人)	319	340	355	377	388	408	419	433	441	453	461	470	478
成長率	100.0%	106.6%	111.3%	118.2%	121.6%	127.9%	131.3%	135.7%	138.2%	142.0%	144.5%	147.3%	149.8%
増分		6.6%	4.7%	6.9%	3.4%	6.3%	3.4%	4.4%	2.5%	3.8%	2.5%	2.8%	2.5%

出所：Facebook 10-Kをもとに筆者作成

地域別DAUの推移を基に、地域ごとのユーザー成長率を計算します（図6-2-4）。

地域別にユーザー成長率を見ると、成長の止まった市場と成長を続けている市場が一目瞭然です。

ユーザー成長率のグラフを図6-2-5に示します。

図6-2-5　地域別ユーザー成長率

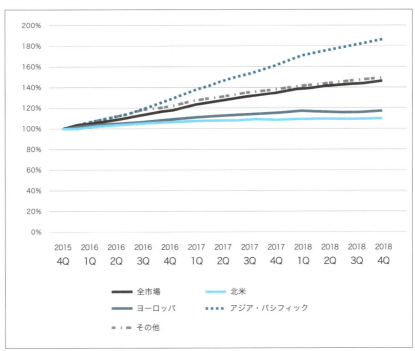

出所：Facebook 10-Kをもとに筆者作成

　US & Canada（北米）、Europe（ヨーロッパ）は2017年4Q位を境にして、ほぼ横ばい、場合によってはユーザー数が減少しています。これに対して、それ以外の地域は依然として、各四半期ユーザー数が2.5％以上増加しています。Asia-Pacific（アジア・パシフィック）は、この3四半期で5％前後

ユーザー数を増加させています。

　ユーザー数の増加については、今後US＆Canada（北米）、Europe（ヨーロッパ）は横ばい、Asia-Pacific（アジア・パシフィック）とRest of world（その他）はさらにユーザー数が伸びる余地があると考えることができるでしょう。

6-3 ARPUを高めることができるのか

◆ユーザー1人あたりの売上高ARPU

　これまでの分析で、ユーザー数の今後の増加については、ある程度予想することができました。**次は、ユーザー1人あたりの売上高ARPUを高めることができるかどうかです。**

　FacebookはARPUについて、「Item 7. Management's Discussion and Analysis of Financial Condition and Results of Operations」でユーザー数と同様に詳細な情報を開示しています。

　最初に、全市場での売上高とARPUを図6-3-1に示します。

図6-3-1　売上高とARPU（全市場）

出所：Facebook 10-K

　ARPUは図6-3-1の下段に開示されています。この数値を基に、2016年4Qを基準年度とした、ARPUの成長率を計算します。

219

図6-3-2 ARPの成長率（全市場）

年度	2016 4Q	2017 1Q	2017 2Q	2017 3Q	2017 4Q	2018 1Q	2018 2Q	2018 3Q	2018 4Q
ARPU（ドル）	4.83	4.23	4.73	5.07	6.18	5.53	5.97	6.09	7.37
成長率	100.0%	87.6%	97.9%	105.0%	① 128.0%	114.5%	123.6%	126.1%	② 152.6%
増分		-12.4%	10.4%	7.0%	23.0%	-13.5%	9.1%	2.5%	26.5%

出所：Facebook 10-Kをもとに筆者作成

　2016年4Qと2017年4Qを比べると、28.0%（図6-3-2囲み①）、2018年4Qを比べるとARPUは52.6%と順調に伸びています（図6-3-2囲み②）。このまま行けば、全市場で引き続きARPUを大きくすることはできそうです。

　一方、FacebookのARPUには季節的変動があります。傾向として、1Qは成長率が減少、2Qと3Qは少し増え、4Qで大幅増になるようです。
　DAUと同じように、ARPUも地域別に成長率を分析します。地域別ARPUの記述された部分を、図6-3-3に示します。

図6-3-3 売上高とARPU（地域別）

出所：Facebook 10-K

6-3　ARPUを高めることができるのか

　そして、地域別ARPUの推移（図6-3-3）を基に、地域ごとのARPU成長率を計算します。

図6-3-4　地域別ARPUの成長率

北米

年度	2016 4Q	2017 1Q	2017 2Q	2017 3Q	2017 4Q	2018 1Q	2018 2Q	2018 3Q	2018 4Q
ARPU（ドル）	19.81	17.07	19.38	21.20	26.76	23.53	25.91	27.61	34.86
成長率	100.0%	86.2%	97.8%	107.0%	135.1%	118.8%	130.8%	139.4%	① 176.0%
増分		-13.8%	11.7%	9.2%	28.1%	-16.3%	12.0%	8.6%	36.6%

ヨーロッパ

年度	2016 4Q	2017 1Q	2017 2Q	2017 3Q	2017 4Q	2018 1Q	2018 2Q	2018 3Q	2018 4Q
ARPU（ドル）	5.98	5.42	6.28	6.85	8.86	8.12	8.76	8.82	10.98
成長率	100.0%	90.6%	105.0%	114.5%	148.2%	135.8%	146.5%	147.5%	① 183.6%
増分		-9.4%	14.4%	9.5%	33.6%	-12.4%	10.7%	1.0%	36.1%

アジア・パシフィック

年度	2016 4Q	2017 1Q	2017 2Q	2017 3Q	2017 4Q	2018 1Q	2018 2Q	2018 3Q	2018 4Q
ARPU（ドル）	2.07	1.98	2.13	2.27	2.54	2.46	2.62	2.67	2.96
成長率	100.0%	95.7%	102.9%	109.7%	122.7%	118.8%	126.6%	129.0%	② 143.0%
増分		-4.3%	7.2%	6.8%	13.0%	-3.9%	7.7%	2.4%	14.0%

その他

年度	2016 4Q	2017 1Q	2017 2Q	2017 3Q	2017 4Q	2018 1Q	2018 2Q	2018 3Q	2018 4Q
ARPU（ドル）	1.41	1.27	1.48	1.59	1.86	1.68	1.91	1.82	2.11
成長率	100.0%	90.1%	105.0%	112.8%	131.9%	119.1%	135.5%	129.1%	② 149.6%
増分		-9.9%	14.9%	7.8%	19.1%	-12.8%	16.3%	-6.4%	20.6%

出所：Facebook 10-Kをもとに筆者作成

　地域別に2016年4Qと2018年4Qを比較すると、Europe（ヨーロッパ）、US＆Canada（北米）で80％前後の成長していることがわかります（図6-3-4囲み①）。Asia-Pacific（アジア・パシフィック）とRest of world（その他）は50％弱の成長です（図6-3-4囲み②）。

　Europe（ヨーロッパ）、US＆Canada（北米）は、まだまだARPUを大きくすることができそうです。そしてAsia-Pacific（アジア・パシフィック）、Rest of world（その他）も、まだ伸びる余地は大きそうです。

ARPUの成長率は、図にある通りです。

図6-3-5　ARPUの成長率

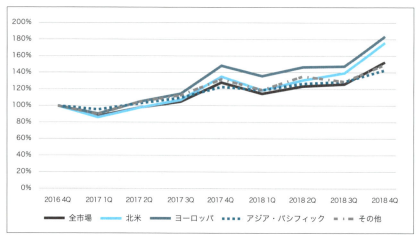

出所：Facebook 10-Kをもとに筆者作成

6-4
Twitterの英文決算書を読み解く

◆ 損益計算書を概観する

　Facebookの分析が終わりましたので、比較対象とするTwitterの英文決算書を読み解きましょう。最初は、Consolidated Statements of Operations（連結損益計算書）を概観します。Twitterの連結損益計算書は、英文決算書の「Item 8. Financial Statements and Supplementary Data」に「Consolidated Statements of Operations」の表題で記載されています。しかし、この損益計算書は売上を合計で記載しているので、売上高の分析には不向きです。

　ここでは、「Item 7. MANAGEMENT'S DISCUSSION AND ANALYSIS OF FINANCIAL CONDITION AND RESULTS OF OPERATIONS」の「Results of Operations」に記載されている連結損益計算書を概観します。

図6-4-1　Twitterの連結損益計算書

	Year Ended December 31,		
	2018	2017	2016
Revenue			
Advertising services	$　2,617,397	$　2,109,987	$　2,248,052
Data licensing and other	424,962	333,312	281,567
Total revenue	3,042,359	2,443,299	2,529,619
Costs and expenses (1)			
Cost of revenue	964,997	861,242	932,240
Research and development	553,858	542,010	713,482
Sales and marketing	771,361	717,419	957,829
General and administrative	298,818	283,888	293,276
Total costs and expenses	2,589,034	2,404,559	2,896,827
Income (loss) from operations	453,325	38,740	(367,208)
Interest expense	(132,606)	(105,237)	(99,968)
Interest income	111,221	44,383	24,277
Other income (expense), net	(8,396)	(73,304)	2,065
Income (loss) before income taxes	423,544	(95,418)	(440,834)
Provision (benefit) for income taxes	(782,052)	12,645	16,039
Net income (loss)	$　1,205,596	$　(108,063)	$　(456,873)

出所：Twitter 10-K

223

Twitterの財務諸表はFacebookと異なり、千ドル単位で開示されています。Income（loss）from operations（営業利益）、Net income（loss）（当期利益）を見ると、2016年度はどちらも赤字です。2017年度に営業利益は38,740千ドル（38億7,400万円）の黒字になりますが（図6-4-1囲み①）、当期利益は108,063千ドル（108億630万円）の赤字です（図6-4-1囲み②）。そして2018年度になり、ようやく営業利益、当期利益が両方とも黒字になりました（図6-4-1囲み③、1ドル100円で換算）。

なお、毎期100百万ドル（100億円）前後のinterest expense（支払利息）が発生しているのも気になる点です（図6-4-1囲み④）。

Twitter連結損益計算書の日本語訳を図6-4-2に示します。

図6-4-2　Twitterの連結損益計算書の日本語訳（参考）

12月31日に終了する事業年度

	2018	2017	2016
売上高			
広告収入	261,739,700	210,998,700	224,805,200
データライセンスその他	42,496,200	33,331,200	28,156,700
総売上高	304,235,900	244,329,900	252,961,900
費用			
売上原価	96,499,700	86,124,200	93,224,000
研究開発費	55,385,800	54,201,000	71,348,200
販売費	77,136,100	71,741,900	95,782,900
一般管理費	29,881,800	28,388,800	29,327,600
原価と費用計	258,903,400	240,455,900	289,682,700
営業利益	45,332,500	3,874,000	(36,720,800)
支払利息	(13,260,600)	(10,523,700)	(9,996,800)
受取利息	11,122,100	4,438,300	2,427,700
その他の損益	(839,600)	(7,330,400)	206,500
税引前当期純利益（損失）	42,354,400	(9,541,800)	(44,083,400)
税金費用	(78,205,200)	1,264,500	1,603,900
当期純利益	120,559,600	(10,806,300)	(45,687,300)

（単位：千円　※1ドル100円で換算）　　　　　　　　　　　　　出所：Twitter 10-Kをもとに筆者作成

また、TwitterはRevenue（売上高）を100%とした各費目の比率を「Item 7. MANAGEMENT'S DISCUSSION AND ANALYSIS OF FINANCIAL CONDITION AND RESULTS OF OPERATIONS」に開示しています（図6-4-3）。

図6-4-3　売上高を100%とした各費目の比率

	Year Ended December 31,		
	2018	2017	2016
Revenue			
Advertising services	① 86%	86%	89%
Data licensing and other	14	14	11
Total revenue	100	100	100
Costs and expenses			
Cost of revenue	② 32	35	37
Research and development	③ 18	22	28
Sales and marketing	25	29	38
General and administrative	10	12	12
Total costs and expenses	85	98	115
Income (loss) from operations	15	2	(15)
Interest expense	(4)	(4)	(4)
Interest income	4	2	1
Other income (expense), net	(0)	(3)	0
Income (loss) before income taxes	14	(4)	(17)
Provision (benefit) for income taxes	(26)	1	1
Net income (loss)	40%	(4)%	(18)%

出所：Twitter 10-Kをもとに筆者作成

　図6-4-3を見ると、Advertising services（広告収入）は常に売上高の85%以上を占めています（図6-4-3囲み①）。また、Cost of Revenue（売上原価）は35%前後でRevenue（売上高）と比べると、低い割合で安定しています（図6-4-3囲み②）。

Reserch and development（研究開発費）、Sales and Marketing（販管費）の比率は3年間続けて下がっています（図6-4-3囲み③）。おそらく、この事実が2018年度Income（loss）from operation（営業利益）もNet income（loss）（当期純利益）も黒字になった大きな要因であったと考えられます。

　さて、「Revenue（売上高）を100%とした各費目の比率」を読み解くことで、次のことがわかりました。

- Revenue（売上高）では、Advertising services（広告収入）が85%以上で大部分を占めている。
- 売上原価率は35%前後で安定している。
- その他の販管費の売上に対する比率は下がり続けている。

これらの前提が変わらなければ、Twitterについても、Advertising services（広告収入）の増加が確保できれば利益は増加すると考えられるでしょう。

次の6-5からは、TwitterのAdvertising services（広告収入）に絞った分析を行い、Twitterの将来について考えてみます。

6-5
Twitterの売上高を分析する

◆売上高の計上基準

　売上高の分析を行う前に、Facebookで行ったのと同様、Twitterがどのような会計基準で売上計上を行っているのかを確かめます。売上高については、Twitter英文決算書の「Item 8. Financial Statements and Supplementary Data」の「Notes to Cosolidated Financial Statements」（連結財務諸表注記）「Note 2. Summary of Significant Accounting Policies」（重要な会計方針）に次の記載があります。

▼2018年Twitterのアニュアルレポートより

Revenue Recognition

–略–

The Company generates its advertising revenue primarily from the sale of its Promoted Products: （i）　Promoted Tweets, （ii）　Promoted Accounts and　（iii）　Promoted Trends. Promoted Tweets and Promoted Accounts are pay-for-performance advertising products or pay on impressions delivered, each priced through an auction. Promoted Trends are and offered on a fixed-fee-per-day basis. Advertisers are obligated to pay when a user engages with a Promoted Tweet, follows a Promoted Account, when an impression is delivered, or when a Promoted Trend is displayed. These advertising services may be sold in combination as a bundled arrangement or separately on a stand-alone basis.

▼日本語訳

収益認識

−略−

当社は、宣伝物（（ⅰ）プロモツイート（ⅱ）プロモアカウント（ⅲ）プロモトレンド）の売上から、主に広告収入を計上します。プロモツイートとプロモアカウントは、オークションを通して決められた価格で、成果報酬型広告物として、または広告が見られた回数によって支払いが行われます。プロモトレンドは地域によって違いがあり、1日あたりの固定報酬が提示されます。広告主は、ユーザーがプロモツイートに携わったり、プロモアカウントをフォローしたとき、ユーザーによるクリックなどの行為の回数が伝えられたとき、プロモトレンドが表示されたときに支払う義務が生じます。広告宣伝はひとまとまりの組み合わせ、または分割した単一の基準の組み合わせで販売されます。

　この説明を読み、**Twitter は Facebook とほぼ同じ基準によって広告売上を計上していることがわかりました。**よって、Facebook と同じように広告売上高を分析します。

◆ ユーザー数の定義

　Twitter も Web 広告ビジネスに属する企業ですので、次のように分解できます。

$$売上高 ＝ ユーザー数 \times ARPU$$

Twitterも「Item 7. Management's Discussion and Analysis of Financial Condition and Results of Operations」で、ユーザー数について詳細な情報を開示しています。

最初はユーザ数について検討しましょう。

Twitterはユーザー数を日々の利用者（mDAU）と1ヶ月単位の利用者（MAUs）に分けて開示していますが、mDAUを企業の業績を示す評価基準と考えています。

その部分について引用します。

▼2018年Twitterのアニュアルレポートより

Key Metrics

We review a number of metrics, including the following key metrics, to evaluate our business, measure our performance, identify trends affecting our business, formulate business plans and make strategic decisions. We believe that mDAU, and its related growth, are the best ways to measure our success against our objectives and to show the size of our audience and engagement going forward, so we will discontinue disclosing MAU after the first quarter of 2019.

Monetizable Daily Active Usage (monetizable DAU or mDAU) . We define monetizable daily active usage or users (mDAU) as Twitter users who logged in and accessed Twitter on any given day through a client capable of displaying ads (e.g., Twitter.com or the Twitter App). Our definition and calculation of mDAU is the same as that of the DAU data presented since the first quarter of 2016.

▼日本語訳

主要な評価基準

事業を評価し、業績を測り、当社の事業に影響する傾向を識別し、事業計画を案出し、戦略的意思決定を行うための様々な主要評価基準を含む、多くの評価基準を当社は見直しています。目的に対する達成度を測り、当社の利用者の規模と、この先続く契約の規模を示すためには、mDAUとそれに関する成長が最も良い評価基準であると判断しました。そのため、2019年度の第1四半期からMAUの開示を取りやめます。

収益に貢献する日々の利用（収益に貢献するDAU、またはmDAU）広告を表示できるクライアント（例：Twitter.com またはthe Twitter App）を通じて、特定の日にツイッターにログインし、アクセスしたツイッター利用者を「収益に貢献する日々の利用、または利用者」（mDAU）と当社は定義しています。この定義とmDAUの計算方法は、DAUデータが開示された2016年度の第1四半期から同じです。

Twitterは「収益に貢献する日々の利用、または利用者」（以下mDAU）が企業の規模や将来性を示す指標だと考えていることがわかりました。

いずれにしても、MAUは2019年度の第1四半期から開示されなくなるので、本書ではmDAUをユーザー数と考えて分析を行います。

◆ユーザー数に拡大の余地はあるのか

Twitterも mDAU の推移を開示しています。開示内容を図6-5-1に示します。

図6-5-1 TwitterのmDAUの推移

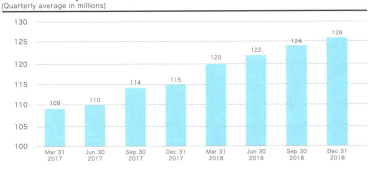

出所：Twitter 10-K

図6-5-1には、2017年1Qから各四半期ごとの全世界mDAUが記載されています。2017年1Qを基として、ユーザー数の成長率を計算します。

図6-5-2 ユーザー数の成長率（全市場）

年度	2017 1Q	2017 2Q	2017 3Q	2017 4Q	2018 1Q	2018 2Q	2018 3Q	2018 4Q
mDAU（百万人）	109	110	114	115	120	122	124	126
成長率	100.0%	100.9%	104.6%	105.5%	110.1%	111.9%	113.8%	115.6%
増分		0.9%	3.7%	0.9%	4.6%	1.8%	1.8%	1.8%

出所：Twitter 10-Kをもとに筆者作成

図6-5-2を見ると、全世界でTwitterの成長率の増分は凸凹が目立ちます。5%増えているときもあれば、0.9%しか増えていないときもあります。この3四半期間は成長率が1.8%です。同じ3期間に2%台だったFacebookより悪い状況です。

ユーザー数はすでに頭打ちなのでしょうか？

Twitterは、United states（米国）とInternational（その他の地域）の2地域に分けたmDAUも開示しています（図6-5-3）。こちらを用いて、地域ごとのユーザー数の成長率を分析して見ましょう。

図6-5-3 TwitterのmDAUの推移（地域別）

出所：Twitter 10-K

地域別DAUの推移（図6-5-3）を基に、地域ごとのユーザー成長率を計算したのが図6-5-4になります。

図6-5-4 ユーザー数の成長率（地域別）

米国

年度	2017 1Q	2017 2Q	2017 3Q	2017 4Q	2018 1Q	2018 2Q	2018 3Q	2018 4Q
mDAU（百万人）	26	25	26	25	26	26	26	27
成長率	100.0%	96.2%	100.0%	96.2%	100.0%	100.0%	100.0%	103.8%
増分		-3.8%	3.8%	-3.8%	3.8%	0.0%	0.0%	3.8%

それ以外の地域

年度	2017 1Q	2017 2Q	2017 3Q	2017 4Q	2018 1Q	2018 2Q	2018 3Q	2018 4Q
mDAU（百万人）	83	85	88	89	94	96	98	99
成長率	100.0%	102.4%	106.0%	107.2%	113.3%	115.7%	118.1%	119.3%
増分		2.4%	3.6%	1.2%	6.0%	2.4%	2.4%	1.2%

出所：Twitter 10-Kをもとに筆者作成

地域別にユーザー成長率を見ると、United states（米国）はすでに増減を繰り返し、ほとんど成長していないことがわかりました。International（その他の地域）でユーザー数は成長していますが、直近の3四半期を見ると成長は鈍化しています。

ユーザー成長率のグラフを図6-5-5に示します。

図6-5-5 地域別ユーザー成長率

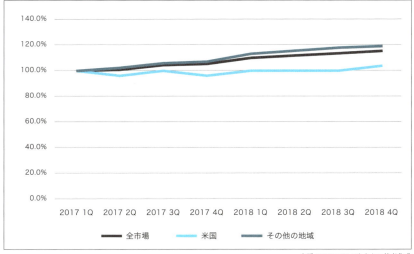

出所：Twitter 10-K をもとに筆者作成

◆ARPUを高めることができるのか

　TwitterはARPUを開示していません。英文決算書の「Item 7. Management's Discussion and Analysis of Financial Condition and Results of Operations」には四半期の売上（図6-5-6）が開示されていますので、これを用いてARPUを計算してみます。

図6-5-6 Twitter四半期損益計算書

	Three Months Ended							
	Dec. 31, 2018	Sep. 30, 2018	Jun. 30, 2018	Mar. 31, 2018	Dec. 31, 2017	Sep. 30, 2017	Jun. 30, 2017	Mar. 31, 2017
	(Unaudited, in thousands, except per share data)							
Consolidated Statement of Operations Data:								
Revenue [1]								
Advertising services	$ 791,365	$ 649,816	$ 601,060	$ 575,156	$ 644,257	$ 502,802	$ 489,148	$ 473,780
Data licensing and other	117,471	108,295	109,481	89,715	87,303	86,831	84,707	74,471
Total revenue	908,836	758,111	710,541	664,871	731,560	589,633	573,855	548,251
Costs and expenses [2]								
Cost of revenue	268,345	243,644	230,185	222,823	217,979	210,016	212,908	220,339
Research and development	141,174	150,764	138,574	123,346	133,996	136,115	143,171	128,728
Sales and marketing	211,774	193,496	188,032	178,059	189,572	172,957	185,296	169,594
General and administrative	80,635	78,339	74,126	65,718	79,915	63,266	70,839	69,868
Total costs and expenses	701,928	666,243	630,917	589,946	621,462	582,354	612,214	588,529
Income (loss) from operations	206,908	91,868	79,624	74,925	110,098	7,279	(38,359)	(40,278)
Interest expense	(37,273)	(38,336)	(29,982)	(27,015)	(26,700)	(26,732)	(26,396)	(25,409)
Interest income	37,013	36,067	21,960	16,181	13,349	12,028	10,486	8,520
Other expense, net [3]	(111)	(2,341)	(5,735)	(209)	(3,194)	(10,106)	(58,806)	(1,198)
Income (loss) before income taxes	206,537	87,258	65,867	63,882	93,553	(17,531)	(113,075)	(58,365)
Provision (benefit) for income taxes [4]	(48,766)	(701,921)	(34,250)	2,885	2,474	3,564	3,413	3,194
Net income (loss)	$ 255,303	$ 789,179	$ 100,117	$ 60,997	$ 91,079	$ (21,095)	$ (116,488)	$ (61,559)
Net income (loss) per share attributable to common stockholders:								
Basic	$ 0.34	$ 1.04	$ 0.13	$ 0.08	$ 0.12	$ (0.03)	$ (0.16)	$ (0.09)
Diluted	$ 0.33	$ 1.02	$ 0.13	$ 0.08	$ 0.12	$ (0.03)	$ (0.16)	$ (0.09)
Other Financial Information:								
Adjusted EBITDA [5]	$ 396,529	$ 295,403	$ 264,810	$ 244,054	$ 308,174	$ 206,999	$ 177,874	$ 169,939
Non-GAAP net income [6]	$ 244,141	$ 162,718	$ 133,955	$ 122,990	$ 141,407	$ 77,848	$ 56,370	$ 53,234

出所：Twitter 10-K

　四半期損益計算書と図6-5-2のmDAUを用いてARPUを計算すると、図6-5-7のようになります。

図6-5-7　TwitterのARPU

年度	2017 1Q	2017 2Q	2017 3Q	2017 4Q	2018 1Q	2018 2Q	2018 3Q	2018 4Q
広告売上（千ドル）	473,780	489,148	502,802	644,257	575,156	601,060	649,816	791,365
mDAU（百万人）	109	110	114	115	120	122	124	126
ARPU（ドル）	4.35	4.45	4.41	5.60	4.79	4.93	5.24	6.28
ARPUの成長率（%）	100.0%	102.3%	101.5%	128.9%	110.3%	113.3%	120.6%	144.5%

出所：Twitter 10-Kをもとに筆者作成

　これを見ると、TwitterのARPUは1Qで下がっているときもありますが、4Qでは大きく伸び、全体としては成長していることがわかります。

234

クロージング:Facebook、Twitterの将来を予測する

◆英文決算書から理解したこと

英文決算書を通じて、次のことがわかりました。

> **Facebookについて**
> ○連結損益計算書の分析から
> ・FacebookのRevenue(売上高)、Net income(当期純利益)は、2016年から2018年までで、それぞれほぼ50%成長している。
> ・FacebookのRevenue(売上高)はBreak-even point(損益分岐点)を大きく超えている。
>
> ○**Revenue(売上高)の分析より**
> ・ユーザー数の増加については今後、US & Canada(北米)、Europe(ヨーロッパ)は横ばい、Asia-Pacific(アジア・パシフィック)とRest of world(その他)についてはまだユーザー数が伸びる余地がある。
> ・Europe(ヨーロッパ)、US & Canada(北米)はまだまだARPUを大きくすることができそう。Asia-Pacific(アジア・パシフィック)、Rest of world(その他)もまだ伸びる余地は大きそうである。
>
> **Twitterについて**
> ○損益計算書の分析から
> ・TwitterのIncome(loss) from operations(営業利益)、Net income (loss)(当期利益)を見ると、2016年度はどちらも赤字。2017年度に営業利益は黒字だが、当期利益赤字。2018年度に、ようやく営業

利益、当期利益が両方とも黒字になった。
・毎期 100 百万ドル（100 億円）前後の interest expense（支払利息）が発生している。

○売上高の分析より

・United states（米国）はほとんど成長していない。International（その他の地域）でユーザー数は増えているが、この 3 期間成長は鈍化している。
・ARPU については、増減はあるが今後大きくすることができそう。

◆Facebook、Twitterの将来を予測する

　Facebook と Twitter は、売上高の規模においては比較にならないほどの差がありますが、どちらも成長市場である Web 広告ビジネスを行っている点が共通です。

　Facebook はまだまだ成長性があると考えられます。US & Canada（北米）、Europe（ヨーロッパ）では今後ユーザー数が伸びないことが予測されますが、Asia-Pacific（アジア・パシフィック）と Rest of world（その他）では、まだまだユーザー数が伸びると考えられます。

　さらに、Europe（ヨーロッパ）、US & Canada（北米）の ARPU はまだまだ伸びる余地があり、Asia-Pacific（アジア・パシフィック）と Rest of world（その他）の ARPU も伸びる可能性があります。**ユーザー数、ARPU どちらの面から考えても、Facebook の将来は有望です。**

　一方、Twitter はユーザー数の増加に不安があります。United states（米国）はすでに頭打ちになっており、International（その他の地域）も楽観できるほどの伸びを示しているとは言えません。**ただ ARPU は伸びているので、ARPU を大きくすることで成長できる可能性があります。**

6-6　クロージング：Facebook、Twitterの将来を予測する

　ただし、支払利息の金額が大きく、利益が圧迫される可能性があるのが
マイナス要素です。

6-7

AT&T、Verizon、T-mobile の将来を予測する

◆ 米国キャリア業界大手3社の経営指標を比較する

ARPUを用いた売上分析は、通信業においても有効な方法です。さらに、通信業界では回線の解約率であるChurn rateも重要な経営指標として、英文決算書に記載されます。

6-7では、米国キャリア業界の大手であるAT&T Inc.（以下、AT&T）、Verizon Communications Inc.（以下、Verizon）、T-Mobile US, Inc.（以下、T-Mobile）の3社について、主要な経営指標であるSubscriber（加入者数）、ARPU、Churn rateを比較することで将来性を考えてみます。

◆ 連結損益計算書を概観する

経営指標を比較する前に、各社の連結損益計算書を概観しておきましょう。

AT&T, INC.（以下AT&T）は、米国最大手の電話会社であるAT&T地域電話会社およびAT&Tコミュニケーションズとメディア企業のワーナーメディアを傘下に収める持株会社です。子会社を通じて、電話事業、放送事業、広告事業を行っています。

AT&Tの連結損益計算書を図6-7-1に示します。

AT&TのTotal operating revenues（総売上高）は堅調です。2016年から2018年度で1,600億ドル〜1,700億ドル（16兆円〜17兆円）の売上を上げています（図6-7-1囲み①）。

238

6-7　AT&T、Verizon、T-mobileの将来を予測する

図6-7-1　AT&Tの連結損益計算書

AT&T Inc.
Consolidated Statements of Income
Dollars in millions except per share amounts

		2018	2017	2016
Operating Revenues				
Service	① $	**152,345**	$ 145,597	$ 148,884
Equipment		**18,411**	14,949	14,902
Total operating revenues		**170,756**	160,546	163,786
Operating Expenses				
Cost of revenues				
Equipment		**19,786**	18,709	18,757
Broadcast, programming and operations		**26,727**	21,159	19,851
Other cost of revenues (exclusive of depreciation and amortization shown separately below)		**32,906**	37,942	38,582
Selling, general and administrative		**36,765**	35,465	36,845
Asset abandonments and impairments		**46**	2,914	361
Depreciation and amortization	②	**28,430**	24,387	25,847
Total operating expenses		**144,660**	140,576	140,243
Operating Income		**26,096**	19,970	23,543
Other Income (Expense)				
Interest expense		**(7,957)**	(6,300)	(4,910)
Equity in net income (loss) of affiliates		**(48)**	(128)	98
Other income (expense) – net		**6,782**	1,597	1,081
Total other income (expense)		**(1,223)**	(4,831)	(3,731)
Income Before Income Taxes		**24,873**	15,139	19,812
Income tax (benefit) expense		**4,920**	(14,708)	6,479
Net Income		**19,953**	29,847	13,333
Less: Net Income Attributable to Noncontrolling Interest		**(583)**	(397)	(357)
Net Income Attributable to AT&T	$	**19,370**	$ 29,450	$ 12,976
Basic Earnings Per Share Attributable to AT&T	$	**2.85**	$ 4.77	$ 2.10
Diluted Earnings Per Share Attributable to AT&T	$	**2.85**	$ 4.76	$ 2.10

The accompanying notes are an integral part of the consolidated financial statements.

出所：AT&T 10-K

　Total operating expenses（営業費用）は1,400億ドル～1,440億ドル（14兆円～14.4兆円）で、大きな増減はありません（図6-7-1囲み②、1ドル100円で換算）。

**　特別な要因を除けば、売上の増加が利益を増加させると考えて良さそうです。**

　Verizon Communications Inc.（以下、Verizon）は、米国ニューヨーク州に本社を置く、大手電気通信事業者です。米国では、加入者数第1位の携帯電話事業者になります（2018年9月現在)。
　Verizonの連結損益計算書を図6-7-2に示します。

239

図6-7-2　Verizonの連結損益計算書

Consolidated Statements of Income Verizon Communications Inc. and Subsidiaries

(dollars in millions, except per share amounts)

Years Ended December 31,		2018		2017		2016
Operating Revenues						
Service revenues and other	$	108,605	$	107,145	$	108,468
Wireless equipment revenues		22,258		18,889		17,512
Total Operating Revenues ①		130,863		126,034		125,980
Operating Expenses						
Cost of services (exclusive of items shown below)		32,185		30,916		30,463
Wireless cost of equipment		23,323		22,147		22,238
Selling, general and administrative expense (including net gain on sale of divested businesses of $0, $1,774 and $1,007, respectively)		31,083		28,592		28,102
Depreciation and amortization expense		17,403		16,954		15,928
Oath goodwill impairment ②		4,591		—		—
Total Operating Expenses ③		108,585		98,609		96,731
Operating Income		22,278		27,425		29,249
Equity in losses of unconsolidated businesses		(186)		(77)		(98)
Other income (expense), net		2,364		(2,021)		(3,789)
Interest expense		(4,833)		(4,733)		(4,376)
Income Before (Provision) Benefit For Income Taxes		19,623		20,594		20,986
(Provision) benefit for income taxes		(3,584)		9,956		(7,378)
Net Income	$	16,039	$	30,550	$	13,608
Net income attributable to noncontrolling interests	$	511	$	449	$	481
Net income attributable to Verizon		15,528		30,101		13,127
Net Income	$	16,039	$	30,550	$	13,608
Basic Earnings Per Common Share						
Net income attributable to Verizon	$	3.76	$	7.37	$	3.22
Weighted-average shares outstanding (in millions)		4,128		4,084		4,080
Diluted Earnings Per Common Share						
Net income attributable to Verizon	$	3.76	$	7.36	$	3.21
Weighted-average shares outstanding (in millions)		4,132		4,089		4,086

See Notes to Consolidated Financial Statements

出所：Verison 10-K

　Verizon も Total operating revenues（総売上高）は安定しています。2016年から2018年度で、1,250億ドル～1,300億ドル（12.5兆円～13兆円）の売上です（図6-7-2囲み①）。

　また、2018年度のOath goodwill impairment（のれんの減損）40億ドル（4千億円）（図6-7-2囲み②）を除けば、Total operating expenses（営業費用）は960億ドル～1,030億ドル（9.6兆円～10.3兆円）で大きな増減はありません（図6-7-2囲み③、1ドル100円で換算）。

　よってVerizonもAT&Tと同様に、特別な要因を除けば、売上の増加が利益を増加させると考えられます。

6-7　AT&T、Verizon、T-mobileの将来を予測する

　T-mobileは、米国で加入者数第3位の携帯電話事業者です（2018年9月
現在）。

　T-mobileの連結損益計算書を図6-7-3に示します。

図6-7-3　T-mobileの連結損益計算書

T-Mobile US, Inc.
Consolidated Statements of Comprehensive Income

(in millions, except share and per share amounts)		2018		2017		2016
Revenues						
Branded postpaid revenues	$	20,862	$	19,448	$	18,138
Branded prepaid revenues		9,598		9,380		8,553
Wholesale revenues		1,183		1,102		903
Roaming and other service revenues		349		230		250
Total service revenues		31,992		30,160		27,844
Equipment revenues		10,009		9,375		8,727
Other revenues		1,309		1,069		919
Total revenues ①		43,310		40,604		37,490
Operating expenses						
Cost of services, exclusive of depreciation and amortization shown separately below		6,307		6,100		5,731
Cost of equipment sales		12,047		11,608		10,819
Selling, general and administrative		13,161		12,259		11,378
Depreciation and amortization		6,486		5,984		6,243
Cost of MetroPCS business combination		—		—		104
Gains on disposal of spectrum licenses		—		(235)		(835)
Total operating expense ②		38,001		35,716		33,440
Operating income		5,309		4,888		4,050
Other income (expense)						
Interest expense		(835)		(1,111)		(1,418)
Interest expense to affiliates		(522)		(560)		(312)
Interest income		19		17		13
Other income (expense), net		(54)		(73)		(6)
Total other expense, net		(1,392)		(1,727)		(1,723)
Income before income taxes		3,917		3,161		2,327
Income tax (expense) benefit		(1,029)		1,375		(867)
Net income		2,888		4,536		1,460
Dividends on preferred stock		—		(55)		(55)
Net income attributable to common stockholders	$	2,888	$	4,481	$	1,405
Net income	$	2,888	$	4,536	$	1,460
Other comprehensive (loss) income, net of tax						
Unrealized gain on available-for-sale securities, net of tax effect of $0, $2 and $1		—		7		2
Unrealized loss on cash flow hedges, net of tax effect of ($115), $0 and $0		(332)		—		—
Other comprehensive (loss) income		(332)		7		2
Total comprehensive income	$	2,556	$	4,543	$	1,462
Earnings per share						
Basic	$	3.40	$	5.39	$	1.71
Diluted		3.36		5.20		1.69
Weighted average shares outstanding						
Basic		849,744,152		831,850,073		822,470,275
Diluted		858,290,174		871,787,450		833,054,545

出所：T-mobile 10-K

241

AT&T、Verizonと比べると金額は小さくなりますが、T-mobileもTotal operating revenues（総売上高）は安定しています。2016年から2018年度で、370億ドル〜430億ドル（3.7兆円〜4.3兆円）の売上です（図6-7-3囲み①）。

また、営業費用は330億ドル〜380億ドル（3.3兆円〜3.8兆円）で大きな増減はありません（図6-7-3囲み②、1ドル100円で換算）。

以上のことから、携帯電話大手3社は特別な要因を除けば、売上の増加が利益の増加となると言えます。したがって、売上に関連する経営指標に注目すれば、業績の動向を知ることができるでしょう。

◇ 英文決算書から経営指標を読み取る

それでは、3社の英文決算書から携帯電話事業に限定して、（1）Subscriber（加入者数）、（2）ARPU、（3）Churn rateの3指標を読み取りましょう。

最初は、AT&Tの2018年の英文決算書です。

AT&Tは英文決算書の「Management's Discussion and Analysis of Financial Condition and Results of Operations」に、Mobility（携帯電話事業）に関する詳細な開示を行っています。

英文決算書に開示されている指標を用いて企業間比較を行う場合、開示されている数字の意味を自分で解釈して、必要な数字を選ぶことが重要になります。

Reseller（リセール）、Connected devices（タブレットなどのデータ処理機器）を含めた2018年度の加入者数は153,006千人です（図6-7-4囲み①）。「（in 000s）」は国内の決算書では見慣れない表現ですが、数字の後にゼロが3つ省略されているという意味です。

解約率を示すChurn rateは、Postpaid（後払い）とPrepaid（前払い）を合わせたBranded Churn rate（図6-7-4囲み②）を比較対象のため選びましょう。

242

6 - 7 AT&T、Verizon、T - mobileの将来を予測する

図6-7-4 AT&TのMobility（携帯電話事業）に関する開示

Communications Business Unit Discussion
Mobility Results

				Percent Change	
				2018 vs. 2017	2017 vs. 2016
	2018	2017	2016		
Operating revenues					
Service	$ 54,933	$ 57,696	$ 59,152	(4.8)%	(2.5)%
Equipment	16,411	13,394	13,435	22.5	(0.3)
Total Operating Revenues	71,344	71,090	72,587	0.4	(2.1)
Operating expenses					
Operations and support	41,266	42,871	43,567	(3.7)	(1.6)
Depreciation and amortization	8,355	8,015	8,277	4.2	(3.2)
Total Operating Expenses	49,621	50,886	51,844	(2.5)	(1.8)
Operating Income	21,723	20,204	20,743	7.5	(2.6)
Equity in Net Income (Loss) of Affiliates	(1)	-	-	-	-
Operating Contribution	$ 21,722	$ 20,204	$ 20,743	7.5%	(2.6)%

The following tables highlight other key measures of performance for Mobility:

				Percent Change	
				2018 vs. 2017	2017 vs. 2016
(in 000s)	2018	2017	2016		
Wireless Subscribers					
Postpaid smartphones	60,712	59,874	59,096	1.4%	1.3%
Postpaid feature phones and data-centric devices	16,177	17,636	18,276	(8.3)	(3.5)
Postpaid	76,889	77,510	77,372	(0.8)	0.2
Prepaid	17,000	15,335	13,536	10.9	13.3
Branded	93,889	92,845	90,908	1.1	2.1
Reseller	7,782	9,366	11,949	(16.9)	(21.6)
Connected devices [1]	51,335	38,991	31,591	31.7	23.4
① **Total Wireless Subscribers**	153,006	141,202	134,448	8.4	5.0
Branded Smartphones	75,384	72,924	70,817	3.4	3.0
Smartphones under our installment programs at end of period	31,418	32,438	30,688	(3.1)%	5.7%

[1] Includes data-centric devices such as session-based tablets, monitoring devices and primarily wholesale automobile systems. Excludes postpaid tablets.

Dollars in millions except per share amounts

				Percent Change	
				2018 vs. 2017	2017 vs. 2016
(in 000s)	2018	2017	2016		
Wireless Net Additions [1]					
Postpaid [4]	(97)	641	986	- %	(35.0)%
Prepaid	1,290	1,013	1,575	27.3	(35.7)
Branded Net Additions	1,193	1,654	2,561	(27.9)	(35.4)
Reseller	(1,704)	(1,871)	(1,846)	8.9	(1.4)
Connected devices [2]	12,321	9,691	5,349	27.1	81.2
Wireless Net Subscriber Additions	11,810	9,474	6,064	24.7	56.2
Smartphones sold under our installment programs during period	16,344	16,667	17,871	(1.9)%	(6.7)%
② Branded Churn [3]	1.67 %	1.68 %	1.61 %	(1)BP	7 BP
Postpaid Churn [3]	1.12 %	1.07 %	1.07 %	5 BP	- BP
Postpaid Phone-Only Churn [3, 4]	0.90 %	0.85 %	0.92 %	5 BP	(7)BP

[1] Excludes acquisition-related additions during the period.

[2] Includes data-centric devices such as session-based tablets, monitoring devices and primarily wholesale automobile systems. Excludes postpaid tablets.

[3] Calculated by dividing the aggregate number of wireless subscribers who canceled service during a month divided by the total number of wireless subscribers at the beginning of that month. The churn rate for the period is equal to the average of the churn rate for each month of that period.

[4] Postpaid phone net adds were 194, (318) and (874) for the years 2018, 2017 and 2016, respectively.

出所：AT&T 10-K

第6章　Facebook、Twitterはどこで利益をあげているのか

243

ARPUについては、2018年度の英文決算書には次の記載があるだけです。

ARPU

ARPU decreased in 2018 and was affected by the new revenue accounting standard, which reduces the service revenue recognized, and by customers shifting to unlimited plans, which decreases overage revenues; however, price increases are partially offsetting that decline.

▼日本語訳

2018年度のARPUは、サービス売上の認識を減少させる新しい収益認識基準の採用と、超過収入を減少させる顧客の使用上限のない契約への移行の影響によって減少しています。しかし、値上げがこのような減少の一部を相殺しています。

一方、2017年度の英文決算書の記載は次の通りです。

ARPU

Postpaid phone-only ARPU was $58.00 in 2017, compared to $59.45 and $60.45 in 2016 and 2015, respectively. Postpaid phone-only ARPU plus equipment installment billings was $68.75 in 2017, compared to $69.76 and $68.03 in 2016 and 2015, respectively. ARPU has been affected by customers shifting to unlimited plans, which decreases overage revenues; however, customers are adding additional devices helping to offset that decline.

▼日本語訳

後払い通話のみのARPUは、2015年60.45ドル、2016年度59.45ドルと比べ、2017年度は58.00ドルでした。後払い通話のみのARPUに機器の分割払を加えたARPUは、2015年68.03ドル、2016年度69.76ドルと比べ、2017年度は68.75ドルでした。超過収入を減少させる顧客

の使用上限のない契約への移行の影響によって減少しています。しかし、顧客の追加デバイスの購入が、このような減少の一部を相殺しています。

AT&Tは、2017年度まではARPUを開示していましたが、2018年度で開示していないことがわかりました。このような場合は、決算関連資料を調べ、必要な指標を入手することが必要になります。

AT&Tの開示資料を調べるとInvestor briefing（投資家向け説明）にARPUに関する説明があります。

図6-7-5　AT&Tの投資家向け説明

ARPU

The impact of revenue recognition and the change in policy on USF fees is reflected in postpaid service ARPU (average revenues per user).

▸ Postpaid phone-only ARPU decreased 4.1% versus the year-earlier quarter. On a comparable basis, phone-only ARPU was up 3.0%.

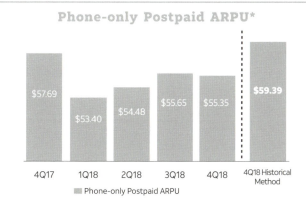

出所：AT&T Investor Briefing

この資料によると2018年度第4四半期のARPUは、2017年度第4四半期のARPUから4.1%減少していると記載されています。年度のARPUの減少率も、ほぼ同様であると推定できます。

・2018年度ARPUの推定値

　58ドル×（100% − 4.1%）＝ 55.62ドル

以上から、AT&Tの経営指標は図6-7-6のように整理できます。

図6-7-6　AT&Tの経営指標

	2016	2017	2018
加入者数（千人）	134,448	141,202	153,006
ARPU（ドル）	59.45	58.00	55.6
Churn rate（%）	1.61%	1.68%	1.67%

※2018年度ARPUは筆者推定値　　　　　　　　　　　　　　　　出所：AT&T 10-Kをもとに筆者作成

AT&Tは、解約率は1.61%〜1.68%で横ばい、加入者数は増加していますが、ARPUは低下傾向にあることがわかりました。

次は、Verizonの経営指標を読み取ります。Verizonは「Segment Results of Operations」で、Wireless（無線事業）に関する経営指標を開示しています。

Verizonの Wireless（無線事業）2018年度の加入者数については、Retail connectionsに記載されている117,999千人（図6-7-4囲み①）と考えて良さそうです。

Churn rate も比較対象として、Retail connections（図6-7-7囲み②）を選びます。

6-7　AT&T、Verizon、T-mobileの将来を予測する

図6-7-7　VerizonのWireless（無線事業）に関する開示

Wireless

Operating Revenues and Selected Operating Statistics

						(dollars in millions, except ARPA and I-ARPA)			
							Increase/(Decrease)		
Years Ended December 31,		**2018**		2017		2016	**2018 vs. 2017**		2017 vs. 2016
Service	$	**63,020**	$	63,121	$	66,580	$ **(101)**	**(0.2)%** $	(3,459)	(5.2)%
Equipment		**22,258**		18,889		17,515	**3,369**	**17.8**	1,374	7.8
Other		**6,456**		5,501		5,091	**955**	**17.4**	410	8.1
Total Operating Revenues	$	**91,734**	$	87,511	$	89,186	$ **4,223**	**4.8** $	(1,675)	(1.9)
Connections ('000): [1]									
Retail connections		**117,999**		116,257		114,243	**1,742**	**1.5**	2,014	1.8
Retail postpaid connections		**113,353**		110,854		108,796	**2,499**	**2.3**	2,058	1.9
Net additions in period ('000): [2]									
Retail connections		**1,769**		2,041		2,155	**(272)**	**(13.3)**	(114)	(5.3)
Retail postpaid connections		**2,526**		2,084		2,288	**442**	**21.2**	(204)	(8.9)
Churn Rate:									
Retail connections		**1.23%**		1.25%		1.26%				
Retail postpaid connections		**1.03%**		1.01%		1.01%				
Account Statistics:									
Retail postpaid ARPA [3]	$	**134.49**	$	135.99	$	144.32	$ **(1.50)**	**(1.1)** $	(8.33)	(5.8)
Retail postpaid I-ARPA [3]	$	**168.61**	$	166.28	$	167.70	$ **2.33**	**1.4** $	(1.42)	(0.8)
Retail postpaid accounts ('000) [1]		**35,427**		35,404		35,410	**23**	**0.1**	(6)	—
Retail postpaid connections per account [1]		**3.20**		3.13		3.07	**0.07**	**2.2**	0.06	2.0

[1] As of end of period
[2] Excluding acquisitions and adjustments
[3]ARPA and I-ARPA for periods beginning after January 1, 2018 reflect the adoption of Topic 606. ARPA and I-ARPA for periods ending prior to January 1, 2018 were calculated based on the guidance per ASC Topic 605, "Revenue Recognition." Accordingly, amounts are not calculated on a comparative basis.

出所：Verison 10-K

ARPUについて、Verizonは「Retail postpaid ARPA」と「Retail postpaid I-ARPA」の2つを開示しています。比較対象としては、どちらの数値がふさわしいでしょうか？

英文決算書では両者について、次のように説明しています。

Retail postpaid ARPA (the average service revenue per account from retail postpaid accounts), which does not include recurring device payment plan billings related to the Verizon device payment program,

▼日本語訳
後払いARPAは、Verizonデバイス支払プログラムに関わる継続デバイス支払プランの課金を含んでいません。

第6章　Facebook、Twitterはどこで利益をあげているのか

247

Retail postpaid I-ARPA (the average service revenue per account from retail postpaid accounts plus recurring device payment plan billings)

> **▼日本語訳**
> 後払いI-ARPAは、Verizonデバイス支払プログラムに関わる継続デバイス支払プランの課金を含んでいます。

ARPAとI-ARPAの違いは、「継続デバイス支払プランの課金が含まれているか、含まれていないか」です。

AT&TのARPUはPostpaid phone-only ARPUですので、比較対象としてはデバイスの課金が含まれていないARPAであることがわかりました。

なお、Verizonの開示しているのは1アカウントあたりの売上高ですので、単純にARPUとは比較できません。アカウント当たりの回線数は2.8回線というデータがありますので、これに基づいてVerizonのARPUを推定計算します。

・2016年度
144.32ドル÷2.8回線＝51.54ドル

・2017年度
135.99ドル÷2.8回線＝48.57ドル

・2018年度
134.49ドル÷2.8回線＝48.03ドル

以上のことから、Verizonの経営指標は図6-7-8のように整理できます。

6 - 7　AT&T、Verizon、T - mobileの将来を予測する

図6-7-8　Verizonの経営指標

	2016	2017	2018
加入者数（千人）	114,243	116,257	117,999
ARPU（ドル）	51.54	48.57	48.03
Churn rate（%）	1.26%	1.25%	1.23%

※ARPUは筆者推定値　　　　　　　　　　　　　　　　　　出所：Verison 10-Kをもとに筆者作成

最後にT-mobileです。

加入者数については、英文決算書の「Item 7. Management's Discussion and Analysis of Financial Condition and Results of Operations」に「Total Customers」の項目があります。

図6-7-9　T-mobileのTotal Customers（加入者数）に関する開示

The following table sets forth the number of ending customers:

(in thousands)	December 31, 2018	December 31, 2017	December 31, 2016	2018 Versus 2017		2017 Versus 2016	
				# Change	% Change	# Change	% Change
Customers, end of period							
Branded postpaid phone customers [1][2]	37,224	34,114	31,297	3,110	9%	2,817	9 %
Branded postpaid other customers [2]	5,295	3,933	3,130	1,362	35%	803	26 %
Total branded postpaid customers	42,519	38,047	34,427	4,472	12%	3,620	11 %
Branded prepaid customers [1]	21,137	20,668	19,813	469	2%	855	4 %
Total branded customers	63,656	58,715	54,240	4,941	8%	4,475	8 %
Wholesale customers [3]	15,995	13,870	17,215	2,125	15%	(3,345)	(19)%
Total customers, end of period	79,651	72,585	71,455	7,066	10%	1,130	2 %
Adjustments to branded postpaid phone customers [4]	—	—	(1,365)	—	—%	1,365	(100)%
Adjustments to branded prepaid customers [4]	—	—	(326)	—	—%	326	(100)%
Adjustments to wholesale customers [4]	—	—	1,691	—	—%	(1,691)	(100)%

(1) As a result of the acquisition of IWS, we included an adjustment of 13,000 branded postpaid phone and 4,000 branded prepaid IWS customers in our reported subscriber base as of January 1, 2018. Additionally, as a result of the acquisition of Layer3 TV, we included an adjustment of 5,000 branded prepaid customers in our reported subscriber base as of January 22, 2018.

(2) During 2017, we retitled our "Branded postpaid mobile broadband customers" category to "Branded postpaid other customers" and reclassified 253,000 DIGITS customers from our "Branded postpaid phone customers" category for the second quarter of 2017, when the DIGITS product was released.

(3) We believe current and future regulatory changes have made the Lifeline program offered by our wholesale partners uneconomical. We will continue to support our wholesale partners offering the Lifeline program, but have excluded the Lifeline customers from our reported wholesale subscriber base resulting in the removal of 4,528,000 reported wholesale customers in 2017.

(4) As a result of the MVNO transaction, we included an adjustment of 1,365,000 branded postpaid phone customers and 326,000 branded prepaid customers to wholesale customers on September 1, 2016. Prospectively from September 1, 2016, net customer additions for these customers are included within wholesale customers.

出所：T-mobile 10-K

キャリア事業に関する加盟者数は、Total branded customers（図6-7-9囲み①）が該当すると考えていいでしょう。

続いて、ARPUです。

先ほどの「Item 7. Management's Discussion and Analysis of Financial

第6章

Facebook、Twitterはどこで利益をあげているのか

249

Condition and Results of Operations」に、「Average Revenue Per User, Average Billings Per User」という項目があります。

図6-7-10　T-mobileのARPU、ABPUに関する開示

The following tables illustrate the calculation of our operating measures ARPU and ABPU and reconcile these measures to the related service revenues:

(in millions, except average number of customers, ARPU and ABPU)	Year Ended December 31,			2018 Versus 2017		2017 Versus 2016	
	2018	2017	2016	$ Change	% Change	$ Change	% Change
Calculation of Branded Postpaid Phone ARPU							
Branded postpaid service revenues	$ 20,862	$ 19,448	$ 18,138	$ 1,414	7 %	$ 1,310	7 %
Less: Branded postpaid other revenues	(1,117)	(1,077)	(773)	(40)	4 %	(304)	39 %
Branded postpaid phone service revenues	$ 19,745	$ 18,371	$ 17,365	$ 1,374	7 %	$ 1,006	6 %
Divided by: Average number of branded postpaid phone customers (in thousands) and number of months in period	35,458	32,596	30,484	2,862	9 %	2,112	7 %
Branded postpaid phone ARPU	$ 46.40	$ 46.97	$ 47.47	$ (0.57)	(1)%	$ (0.50)	(1)%
Calculation of Branded Postpaid ABPU							
Branded postpaid service revenues	$ 20,862	$ 19,448	$ 18,138	$ 1,414	7 %	$ 1,310	7 %
EIP billings	6,548	5,866	5,432	682	12 %	434	8 %
Lease revenues	692	877	1,416	(185)	(21)%	(539)	(38)%
Total billings for branded postpaid customers	$ 28,102	$ 26,191	$ 24,986	$ 1,911	7 %	$ 1,205	5 %
Divided by: Average number of branded postpaid customers (in thousands) and number of months in period	40,075	36,079	33,184	3,996	11 %	2,895	9 %
Branded postpaid ABPU	$ 58.44	$ 60.49	$ 62.75	$ (2.05)	(3)%	$ (2.26)	(4)%
Calculation of Branded Prepaid ARPU							
Branded prepaid service revenues	$ 9,598	$ 9,380	$ 8,553	$ 218	2 %	$ 827	10 %
Divided by: Average number of branded prepaid customers (in thousands) and number of months in period	20,761	20,204	18,797	557	3 %	1,407	7 %
Branded prepaid ARPU	$ 38.53	$ 38.69	$ 37.92	$ (0.16)	— %	$ 0.77	2 %

出所：T-mobile 10-K

ここでは、Branded postpaid phone ARPU（図6-7-10囲み②）が比較対象の数字になります。

次は、Churn rate です。
「Item 7. Management's Discussion and Analysis of Financial Condition and Results of Operations」に「Churn」という表題があります。

図6-7-11　T-mobileのChurnに関する開示

The following table sets forth the churn:

	Year Ended December 31,			Bps Change 2018 Versus 2017	Bps Change 2017 Versus 2016
	2018	2017	2016		
Branded postpaid phone churn	1.01%	1.18%	1.30%	-17 bps	-12 bps
Branded prepaid churn	3.96%	4.04%	3.88%	-8 bps	16 bps

出所：T-mobile 10-K

Churn rateについては、prepaid（前払い）とpostpaid（後払い）を合わせた数字が開示されていませんので、売上構成比による加重平均で両者を合わせたChurn rateを計算します。

図6-7-12　T-mobileの無線事業売上に関する開示

Branded postpaid service revenues, including branded postpaid phone revenues and branded postpaid other revenues, were as follows:

(in millions)	Year Ended December 31,		
	2018	2017	2016
Branded postpaid service revenues			
Branded postpaid phone revenues	$ 19,745	$ 18,371	$ 17,365
Branded postpaid other revenues	1,117	1,077	773
Total branded postpaid service revenues	$ 20,862	$ 19,448	$ 18,138

出所：T-mobile 10-K

　2018年度の売上構成比は、次にように計算できます。

Brended postpaid phone revenues　$19,745 \div 20,862 \times 100 = 94.6\%$
Brended prepaid phone revenues　$1,117 \div 20,862 \times 100 = 5.4\%$

　Churn rateの計算は次の通りです。

$$1.01\% \times 94.6\% + 3.96\% \times 5.4\% = 1.17\%$$

　同様の計算を行うと、2016年度は1.41%、2017年度は1.34%になります。

◇3社の経営指標を比較する

英文決算書から読み取った経営指標をまとめると、図6-7-13のようになります。

図6-7-13　AT&T、Verizon、T-mobileの経営指標比較

○加入者数（千人）

	2016	2017	2018
AT&T	134,448	141,202	153,006
Verizon	114,243	116,257	117,999
T-mobile	54,240	58,715	63,656

○ARPU

	2016	2017	2018
AT&T	59.45	58.00	*55.62*
Verizon	*51.54*	*48.57*	*48.03*
T-mobile	47.47	46.97	46.40

○Churn rate

	2016	2017	2018
AT&T	1.61%	1.68%	1.67%
Verizon	1.26%	1.25%	1.23%
T-mobile	*1.41%*	*1.34%*	*1.17%*

※斜体数値は筆者による推定計算　　　　　　　　出所：AT&T 10-K, Verizon 10-K, T-mobile 10-Kより筆者作成

加入者数では、AT&TとVerizonはT-mobileの2倍程度の規模です。

ARPUを見ると、3社とも年々ARPUは減少傾向にあります。2018年度の数字を見ると、AT&Tは55.62ドルで、Verizonの48.03ドル、T-mobileの46.40ドルと比べると高い水準を維持しています。

Churn rateについては、シェアの1番低いT-mobileが1.17%と健闘しています。AT&TのChurn rateは1.67%で、他の2社と比べて高く、改善が望まれます。

以上、加入者数の成長率、ARPUの成長率などを計算し、今後の市場の変化を検討してみてください。

◆NetfixのARPUを分析する。

Netfix Inc.（以下、Netfix）は、映像ストリーミング配信、オンラインDVDレンタルを事業としている企業です。2017年12月の時点で190ヵ国以上で配信事業を展開し、2018年の売上は15,794百万ドル、有料会員は58百万人います。

Netfixは、英文決算書の「Item 7. Management's Discussion and Analysis of Financial Condition and Results of Operations」の「Segment Results」に、「Average monthly revenue per paying membership（有料会員数1人あたりの月額平均売上）」を経営指標として掲示しています（図6-7-14囲み）。

図6-7-14　NetfixのSegment Resultsに関する開示

Domestic Streaming Segment

	As of/ Year Ended December 31,			Change			
	2018	2017	2016	2018 vs. 2017		2017 vs. 2016	
	(in thousands, except revenue per membership and percentages)						
Memberships:							
Paid memberships at end of period	58,486	52,810	47,905	5,676	11%	4,905	10%
Paid net membership additions	5,676	4,905	4,504	771	16%	401	9%
Average monthly revenue per paying membership	$ 11.40	$ 10.18	$ 9.21	$ 1.22	12% $	0.97	11%
Free trials at end of period	2,065	1,940	1,526	125	6%	414	27%
Contribution profit:							
Revenues	$ 7,646,647	$ 6,153,025	$ 5,077,307	$ 1,493,622	24% $	1,075,718	21%
Cost of revenues	4,038,394	3,470,859	2,951,973	567,535	16%	518,886	18%
Marketing	1,025,351	603,746	412,928	421,605	70%	190,818	46%
Contribution profit	2,582,902	2,078,420	1,712,406	504,482	24%	366,014	21%
Contribution margin	34%	34%	34%				

出所：Netfix 10-K

以上、ぜひFacebook、AT&Tと同じように、映像配信事業を行っている企業の英文決算書から経営指標を読み解くことで、映像配信事業の未来を予測してみてください。

第 **7** 章

英文決算書をもっと
深く読み解くための技術

　本書の締めくくりとなるこの第7章では、更に注視していただきたい項目として「Goodwill（のれん）」と「Segment Information（セグメント情報）」について踏み込んでいきたいと思います。

　東芝、日本郵政など、Goodwill（のれん）のimpairment loss（減損損失）により、巨額の損失を計上する企業が国内でも相次いでいます。またSegment Information（セグメント情報）は、本書2〜6章でも何度か出てきている項目ですが、企業の事業展開を高い精度で予測するためにはもっと詳しく理解しておく必要があります。

　これら2つの項目について踏み込んでいけるようになれば、英文決算書をさらに深く読み解くことができるようになるでしょう。

7-1
Goodwill（のれん）の巨額な企業は経営効率を検討すべき

◆ Goodwill（のれん）に注目する

　Goodwill（のれん）は、企業の買収・合併の際に発生する、「買収された企業の時価評価純資産」と「買収価額」との差額です。「買収価額」が「買収された企業の時価評価純資産」より大きい場合には、Goodwill（のれん）を貸借対照表に資産として計上します。独立して計算されるのではなく、他の項目との差額であることが特徴です。

　貸借対照表の無形固定資産にGoodwill（のれん）を計上する根拠として、資産の時価評価額より高い金額で企業結合が行われているのだから、そこにはfuture economic benefits（将来の経済的便益）があるはず、という説明がされます。

　しかし、**Goodwill（のれん）については、その価値を裏付ける資産がグループ内にあるわけではなく、受け入れた資産全体が有効に機能するという価値があるだけです。**

　また、Goodwill（のれん）を含めた固定資産については、毎期その価値が毀損していないことを確かめる減損テストを実施する必要があります。この**減損テストの結果、価値が毀損していれば、impairment loss（減損損失）を計上しなければなりません。**価値の毀損が大きい場合は、impairment loss（減損損失）も巨額になります。

◆ 経営効率をどう見るか

　減損テストは企業内で行われますので、外部の者にはimpairment loss（減損損失）の計上が発表されるまで、その金額はわかりません。

しかし、急激な経営環境の悪化を除けば、分析によって損失計上の兆候をつかむことは可能です。

では、巨額のGoodwill（のれん）がある場合、資産全体が有効に機能していることをどのように評価すればいいのでしょうか？

第5章の内容を思い出してください。投資された資金を活用してどれだけの成果を上げたかを表す代表的な指標として、ROA（総資産利益率）を計算しました。

巨額のGoodwill（のれん）等を計上した会社が、future economic benefits（将来の経済的便益）を本当に享受したかどうかは、ROAがどう変化したかを見ていけばわかります。

実例として、Kraft HeinzのROAの推移を見てみましょう。

食品大手のKraft Foods Inc.（以降の表記は「Kraft Foods」とする）とケチャップで有名なH.J. Heinz Company（以降の表記は「Heinz」とする）は、2015年7月2日に合併しました。合併後の新会社Kraft Heinz Company（以降の表記は「Kraft Heinz」とする）は、食品・飲料業界で北米3位、世界5位の規模になる大型合併でした。

この合併によって、Goodwill（のれん）を29,029百万ドル（2兆9,029億円）、Intangible Assets（無形固定資産）を45,082百万ドル（4兆5,082億円）計上しました（1ドル100円で換算）。

英文決算書からROAを計算し、巨額のGoodwill（のれん）とIntangible Assets（無形固定資産）がfuture economic benefits（将来の経済的便益）をもたらしたかどうかについて検討してみましょう。

図7-1-1　Kraft Heinzの連結損益計算書

The Kraft Heinz Company
Consolidated Statements of Income
(in millions, except per share data)

	December 29, 2018	As Restated & Recast December 30, 2017	As Restated & Recast December 31, 2016
Net sales	$ 26,268	$ 26,076	$ 26,300
Cost of products sold	17,347	17,043	17,154
Gross profit	8,921	9,033	9,146
Selling, general and administrative expenses, excluding impairment losses	3,205	2,927	3,527
Goodwill impairment losses	7,008	—	—
Intangible asset impairment losses	8,928	49	18
Selling, general and administrative expenses	19,141	2,976	3,545
Operating income/(loss)	(10,220)	6,057	5,601
Interest expense	1,284	1,234	1,134
Other expense/(income), net	(183)	(627)	(472)
Income/(loss) before income taxes	(11,321)	5,450	4,939
Provision for/(benefit from) income taxes	(1,067)	(5,482)	1,333
Net income/(loss)	(10,254)	10,932	3,606
Net income/(loss) attributable to noncontrolling interest	(62)	(9)	10
Net income/(loss) attributable to Kraft Heinz	(10,192)	10,941	3,596
Preferred dividends	—	—	180
Net income/(loss) attributable to common shareholders	$ (10,192)	$ 10,941	$ 3,416
Per share data applicable to common shareholders:			
Basic earnings/(loss)	$ (8.36)	$ 8.98	$ 2.81
Diluted earnings/(loss)	(8.36)	8.91	2.78

See accompanying notes to the consolidated financial statements.

出所：Kraft Heinz 10-K

　2017年度のConsolidated Statements of Income（連結損益計算書）を見ると、Provision for (benefit from) income taxes（税金費用）5,482百万ドルの影響で、Net income（当期純利益）が倍以上に増えています（図7-1-1囲み部分）。

　この場合、単純にNet income（当期純利益）を用いてROAを計算しても、経営効率はわかりませんので、Income(loss) before income tax（税引前当期利益）を用いてROAを計算しましょう。

　過去の英文決算書も参照し、必要な情報を集めてROAを計算します（図7-1-2）。

図7-1-2　ROAの計算

(単位：百万ドル)

会社名	年度	Income(loss) before income tax （税引前当期利益）	Total asset （総資産）	ROA
Kraft Foods	2013	(298)	22,947	-
Kraft Foods	2014	803	36,571	6.1%
Kraft Heinz	2015	1,013	122,973	※
Kraft Heinz	2016	4,939	120,480	4.1%
Kraft Heinz	2017	5,450	120,092	4.5%

※2015年度の税引前当期利益はHeinzの損益を含まないため、ROAは計算していない。

出所：Kraft Foods、Kraft Heinz 10-Kをもとに筆者作成

ROAを見ると、Kraft Foodsでは6.1%あったROAが、合併以降には4%台になり、経営効率が悪くなっていることがわかります。

　Kraft Heinzは、2019年2月に15.4億ドル（1兆5,400億円）の減損損失を計上することを発表しています。

　合併による、Goodwill（のれん）29,029百万ドル（2兆9,029億円）、Intangible Assets（無形固定資産）45,082百万ドル（4兆5,082億円）の計上は経済的便益をもたらさず、結果として、2018年度に15,936百万ドル（1兆5,936億円）の減損損失を計上することになりました（1ドル100円で換算。なお、Kraft Heinzは2019年6月9日年次報告書提出時に減損損失の金額を2019年2月に発表した金額から訂正しています）。

　資産全体が過去と比べて有効に機能していないことは、すでに2016年度、2017年度のROAで見たとおりです。

　巨額のGoodwill（のれん）等がある場合、資産全体が有効に機能しなければ、巨額の減損損失の計上に繋がります。よって、合併の前後を比較して、経営効率が悪くなっていないかどうかをウォッチングすることが大切になるのです。

注：Kraft Heinzについて、本書では2019年9月30日時点に公表されている最新の英文決算書に基づいて分析を行っています。

7-2
Segment Information (セグメント情報)の活用

◆ Segment Information(セグメント情報)に注目する

Segment Information（セグメント情報）は、本書2章と4章でも触れている項目ですが、企業の事業展開を高い精度で予測するためにはもっと詳しく理解する必要があります。

セグメント情報を時系列で比較するだけでも、会社の将来を予測することが可能です。 実例として、General Electricのセグメント情報を時系列に並べて見てみましょう。

General Electric Company（ゼネラル・エレクトリック。以降の表記は「General Electric」とする）は、アメリカ合衆国を主な拠点とする、トーマス・エジソンから始まる電気事業をルーツとする世界最大の総合電機メーカーです。

General Electricは事業別セグメントを「1.Power（電力部門）、2.Renewable Energy（再生エネルギー部門）、3.Aviation（航空機部門）、4.Oil&Gas（石油・ガス部門）、5.Healthcare（ヘルスケア部門）、6.Transportation（交通部門）、7.Light（照明部門）」の7つのindustrial segment、そして金融segmet Capital（金融部門）を加えた8つに分けて開示しています。

◆ Segment Information(セグメント情報)を時系列に並べる

General Electricの2018年度のセグメント開示は、図7-2-1の通りです。

7-2 Segment Information（セグメント情報）の活用

図7-2-1　General Electricの営業セグメントの開示

SUMMARY OF OPERATING SEGMENTS

(In millions)		General Electric Company and consolidated affiliates		
		2018	2017	2016
Revenues				
Power	$	27,300 $	34,878 $	35,835
Renewable Energy		9,533	9,205	9,752
Aviation		30,566	27,013	26,240
Oil & Gas		22,859	17,180	12,938
Healthcare		19,784	19,017	18,212
Transportation		3,898	3,935	4,585
Lighting(a)		1,723	1,941	4,762
Total industrial segment revenues		115,664	113,168	112,324
Capital		9,551	9,070	10,905
Total segment revenues		125,215	122,239	123,229
Corporate items and eliminations		(3,600)	(3,995)	(3,760)
Consolidated revenues	$	121,615 $	118,243 $	119,469
Segment profit				
Power	$	(808) $	1,947 $	4,187
Renewable Energy		287	583	631
Aviation		6,466	5,370	5,324
Oil & Gas(b)		429	158	1,302
Healthcare		3,698	3,488	3,210
Transportation		633	641	966
Lighting(a)		70	27	165
Total industrial segment profit		10,774	12,213	15,785
Capital		(489)	(6,765)	(1,251)
Total segment profit		10,285	5,448	14,534
Corporate items and eliminations		(2,796)	(4,060)	(2,064)
GE goodwill impairments	②	(22,136)	(1,165)	—
GE interest and other financial charges		(2,708)	(2,753)	(2,026)
GE non-operating benefit costs		(2,764)	(2,385)	(2,349)
GE benefit (provision) for income taxes		(957)	(3,691)	(298)
Earnings (loss) from continuing operations				
attributable to GE common shareowners		(21,076)	(8,605)	7,797
Earnings (loss) from discontinued operations, net of taxes		(1,726)	(309)	(954)
Less net earnings (loss) attributable to noncontrolling interests, discontinued operations		—	6	(1)
Earnings (loss) from discontinued operations,				
net of taxes and noncontrolling interests		(1,726)	(315)	(952)
Consolidated net earnings (loss)				
attributable to GE common shareowners	①	(22,802) $	(8,920) $	6,845

(a)　Lighting segment included Appliances through its disposition in the second quarter of 2016.

(b)　Subsequent to the Baker Hughes transaction, restructuring and other charges are included in the determination of segment profit for our Oil & Gas segment. Oil & Gas segment profit excluding restructuring and other charges* was $1,045 million and $837 million for the years ended December 31, 2018 and 2017, respectively.

出所：General Electric 10-K

　業績を概観すると、2017年度、2018年度は8,920百万ドル（8,920億円）、22,802百万ドル（2兆2,802億円）の当期損失となっています（図7-2-1囲み①）。

　GE goodwill impairment（のれん減損損失）22,136百万ドル（2兆2,136億円）が、2018年度当期損失となった主要原因です（図7-2-1囲み②、1ドル100円で換算）。

　減損損失の内訳は、2015年に97億ユーロ（約1兆2500億円）で買収した「仏アルストムのエネルギー事業ののれん代を含めた電力部門」で計上した減損です。2018年度の巨額の損失はニュースでも大きく報道されました。

261

過去の英文決算書も参照して、営業セグメント別にセグメント売上高、セグメント利益を時系列に並べたのが図7-2-2です。

図7-2-2　General Electricのセグメント売上高、セグメント利益

（単位：百万ドル）

▼セグメント売上高

	2014	2015	2016	2017	2018
Power	20,580	21,490	35,835	34,878	27,300
Renewable Energy	6,399	6,273	9,752	9,205	9,533
Aviation	23,990	24,660	26,240	27,013	30,566
Oil&Gas	19,085	16,450	12,938	17,180	22,859
Healthcare	18,299	17,639	18,213	19,017	19,784
Energy Management	7,319	7,600	-	-	-
Transportation	5,650	5,933	4,585	3,935	3,898
Lighting	8,404	8,751	4,762	1,941	1,723
Capital	11,320	10,801	10,905	9,070	9,551
Total	121,047	119,597	123,229	122,239	125,215

▼セグメント利益

	2014	2015	2016	2017	2018
Power	4,486	4,502	4,187	1,947	(808)
Renewable Energy	694	431	631	583	287
Aviation	4,973	5,507	5,324	5,370	6,466
Oil&Gas	2,758	2,427	1,302	158	429
Healthcare	3,047	2,882	3,210	3,488	3,698
Energy Management	246	270	-	-	-
Transportation	1,130	1,273	966	641	633
Lighting	431	674	165	27	70
Capital	1,209	(7,983)	(1,251)	(6,765)	(489)
Total	18,973	9,983	14,534	5,448	10,285

※Energy Managementセグメントは2016年度に非継続事業とされた。　　　　　　　出所：General Electric 10-Kをもとに筆者作成

**　利益を中心に時系列を見ていきましょう。Total（セグメント利益合計）は、この5年間で半分近い水準まで落ち込んでいます。**

　5年間続けて利益が安定しているのは、Aviation（航空機部門）とHealthcare（ヘルスケア部門）だけです。

7-2 Segment Information（セグメント情報）の活用

Renewable Energy（再生エネルギー部門）とTransportation（交通部門）の利益は、5年間でほぼ半分になっています。

Oil&Gas（石油・ガス部門）とLight（照明部門）は、5年間で6分の1近く利益が落ち込んでいます。

さらに、Power（電力部門）は2018年度赤字となり、Capital（金融部門）は2015年から4期連続して赤字が続いています。

2018年度の英文決算書には、「2018 SIGNIFICANT DEVELOPMENTS」（大きな発展）というタイトルで、2018年度終了以降、次の大きな改革を実行したことが記載されています。

• On May 21, 2018, we announced an agreement to spin- or split-off and merge our Transportation segment with Wabtec Corporation, a U.S. rail equipment manufacturer. The agreement was subsequently amended on January 25, 2019. On February 25, 2019, we completed the spin-off and subsequent merger. （中略）.

• In June 2018, we announced a plan to separate GE Healthcare into a standalone company. On February 25, 2019, we announced an agreement to sell our BioPharma business within our Healthcare segment to Danaher Corporation for total consideration of approximately $21.4 billion, subject to certain adjustments. （以下略）

▼日本語訳

・2018年5月21日に当社は交通部門をスピンオフまたはスピリット・オフし、アメリカの鉄道機器製造会社Wabtec Corporationと合併させる契約を発表しました。この契約は後に、2019年1月25日に修正されました。当社は2月25日にスピンオフと、それに続く合併を完了しました。（中略）

・2018年6月、当社はヘルスケア部門を独立した会社に分割する計画を発表しました。2019年2月25日、当社はヘルスケア部門の生物薬剤

事業を調整の結果、総額約21.4億ドルでDanaher Corporationに売却する契約を公表しました。（以下略）

　このような事業改革により、2019年度第1四半期報告書で開示事業部門は6つに減少しています（図7-2-3囲み）。

図7-2-3　General Electricの四半期報告書の開示

SUMMARY OF OPERATING SEGMENTS

(Dollars in millions)

		Three months ended March 31		
		2019	2018	V%
Revenues				
Power	$	5,659 $	7,222	(22) %
Renewable Energy		1,604	1,646	(3) %
Aviation		7,954	7,112	12 %
Oil & Gas		5,616	5,385	4 %
Healthcare		4,683	4,702	— %
Total industrial segment revenues		25,517	26,067	(2) %
Capital		2,227	2,173	2 %
Total segment revenues		27,743	28,240	(2) %
Corporate items and eliminations(a)		(458)	(452)	(1)%
Consolidated revenues	$	27,286 $	27,788	(2) %
Segment profit (loss)				
Power	$	80 $	273	(71) %
Renewable Energy		(162)	77	U
Aviation		1,660	1,603	4 %
Oil & Gas(b)		163	(144)	F
Healthcare		781	735	6 %
Total industrial segment profit		2,523	2,544	(1) %
Capital		135	(215)	F
Total segment profit (loss)		2,658	2,328	14 %
Corporate items and eliminations(a)		(204)	(659)	69 %
GE interest and other financial charges		(588)	(639)	8 %
GE non-operating benefit costs		(562)	(681)	17 %
GE benefit (provision) for income taxes		(350)	(89)	U
Earnings (loss) from continuing operations attributable to GE common shareowners		954	261	F
Earnings (loss) from discontinued operations, net of taxes		2,592	(1,441)	F
Less net earnings attributable to noncontrolling interests, discontinued operations		(2)	4	U
Earnings (loss) from discontinued operations, net of tax and noncontrolling interest		2,595	(1,444)	F
Consolidated net earnings (loss) attributable to the GE common shareowners	$	3,549 $	(1,184)	F

(a) Effective the first quarter of 2019, Corporate items and eliminations includes the results of our Lighting segment for all periods presented.

(b) Oil & Gas segment profit excluding restructuring and other charges* was $222 million and $181 million for the three months ended March 31, 2019 and 2018, respectively.

出所：General Electric 10-Q

　事業部門をこれだけ減らすというのは大変革です。

　このように、**Segment Information（セグメント情報）を時系列にしたがって整理し、時系列に並べるだけで、今後スピンオフまたはスピリット・オフされる事業、非継続とされる事業を予測できるようになるのです。**

7-2　Segment Information（セグメント情報）の活用

　以上、第7章では「goodwill（のれん）」と「Segment Information（セグメント情報）」という2つの項目に注目し、その読み解き方について説明しました。**その他にも、例えば英文決算書では「discontinued operations（非継続事業）」について詳細な開示が行われています。この開示は日本の決算書にはないもので、必ず目を通すべき情報です。**

　例えば、図7-2-4を見てください。

図7-2-4　Pitney Bowesの非継続事業の開示

4. Discontinued Operations

On July 2, 2018, we completed the sale of the Production Mail Business, other than in certain non-U.S. jurisdictions, to an affiliate of Platinum Equity, LLC, a leading global private equity firm. Subsequently during the last half of the year, we closed on the sale of most of the non-U.S. jurisdictions, and expect to close on the remaining non-U.S. jurisdictions in the first quarter of 2019, subject to local regulatory requirements. Cash proceeds from the sale were $340 million and net proceeds, after the payment of closing costs, transaction fees and taxes, were approximately $270 million.

In connection with the sale, we entered into Transition Services Agreements (TSAs) with the purchaser whereby we will perform certain support functions for periods of a year or less. These TSAs will not have a material effect on our financial performance.

Selected financial information of the Production Mail Business included in discontinued operations is as follows:

	Years Ended December 31,		
	2018	2017	2016
Revenue	$ 211,542	$ 426,676	$ 425,252
Earnings from discontinued operations	$ 18,952	$ 61,074	$ 41,880
Gain on sale	60,611	—	—
Income from discontinued operations before taxes	79,563	61,074	41,880
Tax provision	55,876	21,096	24,844
Income from discontinued operations	$ 23,687	$ 39,978	$ 17,036

The gain on sale includes a $13 million non-cash pension settlement charge and $11 million of transaction costs.

The major categories of assets and liabilities of the Production Mail Business included in assets of discontinued operations and liabilities of discontinued operations are as follows:

	December 31, 2018	December 31, 2017
Cash and cash equivalents	$ 1,965	$ —
Accounts receivable, net	1,057	97,402
Inventories	849	48,910
Other current assets and prepayments	278	3,365
Property, plant and equipment, net	526	5,541
Rental property and equipment, net	179	1,786
Goodwill	—	177,799
Other assets	—	45
Assets of discontinued operations	$ 4,854	$ 334,848
Accounts payable and accrued liabilities	$ 662	$ 36,592
Advance billings	593	30,607
Other current liabilities	2,021	—
Other noncurrent liabilities	—	5,609
Liabilities of discontinued operations	$ 3,276	$ 72,808

出所：Pitney Bowes 10-K

これは、Pitney Bowes Inc.（以下、Pitney Bowes）の非継続事業の開示です。これを読むと、Pitney Bowesがどのような事業の廃止を決め、連結財務諸表にどんな影響があったかがわかります。Pitney Bowesの将来を分析するにあたっては、非常に有益な情報となるでしょう。

このように、英文決算書には他にも注目すべき項目が複数あります。そして情報入手の対象が増えれば当然、予測/分析の精度も上がります。

ぜひ、日本の決算書だけではなく、英文決算書を読むという行為も日常的な習慣にしてみてください。その積み重ねは、間違いなくあなたのスキルアップに直結する最高のビジネス教養となることでしょう。

【著者紹介】

大山　誠（おおやま　まこと）

公認会計士・システム監査技術者・公認システム監査人（CISA）・
TOEIC885（2013年1月受験）

東京大学経済学部経済学科卒業

公認会計士2次試験合格後、三興監査法人に8年、あずさ監査法人に12年勤務、現在監査法人アヴァンティアに勤務。主に玩具メーカー、証券会社、映像制作会社、リース会社等の会計監査、通信業、アミューズメント機器製造販売業、医療用医薬品、医療機器等の卸売業等のIT統制評価を担当。日本公認会計士協会「ITアシュアランス委員会」委員などを務める。

著書に「一番わかりやすい！税効果会計の教科書（ソシム）」。共著に「内部統制を高めるIT統制と監査の実務Q&A（中央経済社）」「IT内部統制ケースブック ― 最新50の不備対応事例で学ぶ（東洋経済新報社）」がある。

◎監査法人アヴァンティアについて

監査法人アヴァンティアは監査業務を中心として、成長意欲旺盛な企業の支援を行う中堅適正規模の監査法人（業界14位）です。2008年の設立以来、上場企業監査、IPO監査などの監査業務に加えて、IFRSアドバイザリー、財務デュー・デリジェンスなどの各種アドバイザリー業務を積極的に展開し、ひとりひとりが自由職業人としての誇りと使命感を持って、証券市場の発展に寄与すべく邁進しています。

詳しくはウェブサイト（www.avantia.or.jp）をご覧ください。

カバーデザイン：植竹裕（UeDESIGN）
本文デザイン・DTP：有限会社 中央制作社
英文校正：中井雄一郎（熊本学園大学准教授）

グローバル企業のビジネスモデルをつかむ
英文決算書の読みかた

2019年12月25日　初版第1刷発行

著者　　　大山 誠
発行人　　片柳 秀夫
編集人　　三浦 聡
発行　　　ソシム株式会社
　　　　　https://www.socym.co.jp/
　　　　　〒 101-0064　東京都千代田区神田猿楽町 1-5-15 猿楽町 SS ビル 3F
　　　　　TEL：(03)5217-2400（代表）
　　　　　FAX：(03)5217-2420

印刷・製本　　株式会社暁印刷

定価はカバーに表示してあります。
落丁・乱丁本は弊社編集部までお送りください。送料弊社負担にてお取替えいたします。
ISBN 978-4-8026-1234-0　©2019 Makoto Oyama　Printed in Japan